SV

Gisela von Wysocki
Der hingestreckte Sommer

Suhrkamp

Erste Auflage 2021
© Suhrkamp Verlag Berlin 2021
Satz: Satz-Offizin Hümmer GmbH, Waldbüttelbrunn
Druck: Pustet, Regensburg
Printed in Germany
ISBN 978-3-518-43014-9

Der hingestreckte Sommer

VITRINEN

Vitrinen beschützen Geheimnisse und Fähigkeiten oder halten sie fest. In ihnen verkörpert sich das Gedächtnis, hat sich dort einen Raum geschaffen. Es sind formbewusste Gehäuse, in denen sich Leben staut. Atmosphärisch gesehen ein Stillstand, in dem, choreographisch verdichtet, Geschichten abgespeichert sind. Ein Bücherschrank, ein Flügel können für ein Kind zu Fabelwesen werden.

In der kriegsbeschädigten Johanniskirche konnten seine sterblichen Überreste nicht bleiben. Sie mussten dringend verlegt werden. Verantwortlich dafür sollte der Maurermeister Malecki sein, Inhaber einer stabilen Schubkarre. Vielleicht war der behelfsmäßige Transportunternehmer seiner Furcht vor dem Sterben noch niemals so nahegekommen wie in diesem Moment. Der brisante Auftrag, dessen Ausführung mutmaßlich am 28. Juli 1949 stattfand, führte quer durch das vom Krieg zerstörte Leipzig, Richtung Thomaskirche.

Es war zu Anfang noch von einem Zinksarg die Rede gewesen. Kein Mensch hatte damit rechnen können, dass Johann Sebastian Bachs Gebeine in Wirklichkeit in einem schludrig verschlossenen Holzsarg untergebracht waren. Der für jedermann zugängliche Schrein hatte etwas Einladendes an sich. Man könnte sich vorstellen, dass dieser Umstand unerwartet beruhigend auf den Maurermeister gewirkt hat. Tröstlich beinahe. Es nahm dem Vorgang seine Feierlichkeit, den Nimbus des Festaktes. Und es schwächte die beklemmende Vorstellung ab, mit einem Wesen, einer Wesenheit zu tun zu haben, die auf eine nicht näher erkennbare Weise mit Gott und seiner Unsterblichkeit im Bündnis stand.

Dennoch, das mochte er spüren, verlangte der Fall mehr von ihm, anderes als die herkömmliche Arbeit eines Handwerkers. Mehr Fingerspitzengefühl, als es für den Eigentümer einer tauglichen Schubkarre vonnöten war. Man half ihm dabei, den Sarg auf den Karren zu heben. Nun war es an ihm, an ihm, Malecki, der ungewohnten, heiklen Situation Rechnung zu tragen. Es verstand sich von selbst, den Deckel des Sargs anzuheben. Es gehörte sogar zu seiner Pflicht, sich ein Bild vom Zustand der ihm anvertrauten Fracht zu machen, ihre Beschaffenheit und Qualität in Augenschein zu nehmen.

Man kann sich denken, dass Malecki keine Notwendigkeit darin sah, ein allzu präzises Bild des zu erwartenden Anblicks zu gewinnen. Eher dürfte es unscharf, konturlos gewesen sein. Von einer Unübersichtlichkeit gezeichnet, wie sie insgesamt das Leben mit sich bringt. Aber mit diesem Ausmaß einer schauervollen Zerrüttung hatte er kaum rechnen können. Nicht mit diesem Sammelsurium von Knorpeln, Knochen, wild versprengten Splittern auf dem Boden des Sargs. Linksseitig in die obere Ecke verschoben, weil man ihn unerwartet abrupt auf der Schubkarre abgesetzt hatte. Vom Sonnenlicht hell beschienen, ergab sich ein zusammengequetschtes Bild der Sinnlosigkeit. Nichts war geblieben von dem grundsätzlich doch so einleuchtend, methodisch so planvoll arbeitenden menschlichen Knochengerüst.

Was Malecki nicht wissen konnte, war, dass in den Jahren 1750 bis 1850 die Schädel berühmter Menschen Sammelobjekte waren. Und dass ein Anatomieprofessor, Wilhelm His, Ende des neunzehnten Jahrhunderts bereits daran zweifelte, ob es sich, wie behauptet, bei den »in einem eichenen Sarge aufgefundenen Gebeinen eines älteren Mannes« um die des Johann Sebastian Bach handelte. Der Schrecken hatte ihn eingeholt, hatte Malecki nicht davonkommen lassen. Der nun offen stehende Sarg hatte zwar die lastende Bedeutsamkeit der Situation entschärft. Aber eben auch den Anspruch geltend gemacht, sich ein Bild vom Inneren zu machen. In Blickkontakt zu der dort vorgefundenen Verheerung zu treten.

Er wusste jetzt, dass es ausgebleichtes, spiegelblankes Flickwerk war, das er transportierte. Auseinandergebrochenes. Kleinteilig Zerlegtes. Es glich den Ruinen, den staubigen Schuttbergen, die ihm links und rechts auf dem Weg zur Thomaskirche begegnet waren. Er hatte auf weggebrochene Wände geschaut, auf halbierte Häuser. Auf verwüstete Zimmer und deren bizarre Details; intakte Lampenschirme, blitzende Kachelöfen. Auf Küchenherde und Doppelbetten unter Trümmerstücken. Auf Geschirrschränke und deren aufgesprungene Türen. »Tach, ich bring den Bach«, mit diesen Worten Maleckis soll der Superintendant der Thomaskirche über das Eintreffen des Schubkarrens unterrichtet worden sein. Er hatte seine Sache gut gemacht, der Sohn eines Sägewerkbesitzers. Als Kind hatte er dem Vater zugesehen, wenn er die Scheibe eines Fichtenstamms in die Kreissäge schob.

Den herbeigeschafften Sarg stellte man vorübergehend in der Nordsakristei auf. Mitte August sollte die endgültige Versiegelung des Deckels vorgenommen werden.

Scheu, schweigend bewachten einige Gemeindemitglieder gewissenhaft das kostbare, wenn auch schwer mitgenommene Skelett. Draußen brachte der Sommer auch nachts keine Abkühlung, hier aber stieg vom Steinboden her eine belebende Frische auf. Der Stadtrat hatte umsichtige Entscheidungen getroffen und der Helferschaft zwei Mitglieder der örtlichen Polizei zugeteilt.

Am Tag drangen die Geräusche der Straße bis in die Kirche vor. In den Nächten breitete sich eine angespannte Lautlosigkeit aus. Und eine Ferne, die den Raum weitete, ihn vervielfachte. An die des Nachts im Kirchenraum zu erwartende Stille hatte man zuhause auch schon gedacht. Aber eben nur gedacht. Man hatte nicht mit dieser unfasslichen Feierlichkeit gerechnet. Nicht mit der Machtstellung, die der Stille hier zufallen würde. Man hütete sich davor, etwas zu sagen, möglicherweise etwas Unpassendes. Wollte nicht das Risiko auf sich nehmen, es könnte ein Wort unerwidert stundenlang in seinem Nachhall für die Anwesenden hörbar bleiben. Dann lieber sich verfangen, feststecken in der Weite, in der Entlegenheit. In einer Spur von etwas, das sich »am Ende der Welt« vermutlich irgendwo verlaufen würde.

Am dritten Tag brach am späten Nachmittag ein heftiges Gewitter aus. Die Stille machte dem Donner Platz. Nach dem Unwetter war es eine andere als zuvor. Sie war begehbar geworden, hatte endlich im Nachhall der Donnerschläge zu einer Erwiderung gefunden. Den Gemeindemitgliedern wird bewusst geworden sein, dass nicht nur das Kircheninnere ein Depot von Äther und Zeitlosigkeit bildete. Dass sich im Raum Musik, der Klang einer gebieterischen Urteilskraft ausgebreitet hatte. Und mit ihr das Versprechen unangreifbarer Wahrhaftigkeit: ein Elixier, das Ludwig Wittgenstein zu der Aussage verführte, in Bachs Musik werde eine Schöpfung sichtbar, wie sie »vor dem Sündenfall« war.

Es wäre den Wartenden, wie sie später berichteten, nach und nach in dem aufgeklappten Sarg vor allem der knochige, in seinen Umrissen erhalten gebliebene Schädel des Toten immer sichtbarer geworden. Unerwartet deutlich, beinahe wirklichkeitsnah, seien seine Augenhöhlen zu erkennen gewesen, darin war man sich einig. Und sie hätten unzweifelhaft »einen Blick« gehabt; unentwegt und weit aufgerissen. Es sei allerdings auch die Überlegung aufgetaucht, es könnte sich hier um ein durchaus erwartbares Bild handeln. Um ein Phänomen, wie es sich natürlicherweise um zwei dunkle, vom Jochbein zusammengehaltene Kuhlen bildet. Das aber, so berichteten später die mitgenommen wirkenden Wächter, hätte bei einem unter ihnen zu einer Art von Revolte geführt. Für einen Titan sei das zu wenig, wurde geäußert. Es sei geradezu vernichtend! Angesichts seiner Sonntagsmotetten, der Engführungen der Fugen, der Schlusschöre der Oratorien! In Bezug auf die Abertausenden in Gottes Namen verfassten Gesänge! Die Orgelwerke im Dienste der Dreieinigkeit! Dies alles, dieses riesenhafte, große Gelingen, nur, um schließlich aus finsteren Augenhöhlen, wie jeder andere auch, ins Leere zu starren? Eine von Fäulnisprozessen begleitete Kreatur? Ihre ganz eigenen Gedanken mach-

13

te sich in diesem Zusammenhang Marguerite Duras. Nicht Ferne, sondern Nähe wünschte sie dem Komponisten. Sie meinte, wie gut, dass er kein Bewusstsein von der Tragweite seines Werks und dessen Phantasma gehabt hätte, er wäre verrückt geworden.

Das Gesicht

Für Friederike Mayröcker

Ich bin ja eben erst eingetreten. Eben erst haben wir uns
begrüßt, und sie hat mich in ein Zimmer geführt. Es ist
ja kaum Zeit vergangen, wir haben uns an einen Tisch
gesetzt, und sie erzählt von sich, von ihrem Gesicht,
unser Thema für heute. Aber in Wirklichkeit ist es kein
Thema. Und auch das »heute« klingt fraglich, unüber-
legt. Wie sie es nicht bemerkt, genau genommen, das
Gesicht, und sich entgehen lässt. Und dies am eigenen
Leibe spürt. Sie spricht, muss sprechen so, auf diese Weise, wie sie es tut, eine Dichterin.

»Morgens«, sagt sie, »kommt manchmal der Gedanke
auf, heute, das wird ein guter Tag!« Weil das Gesicht
sich ausgeruht fühlt. Abends stellt es die unausweich-
liche Frage, was eigentlich übriggeblieben sei von ihm.
Ein Skelett, ein Knochengerüst. Wer in vorgerücktem Alter die Hände zum Kopf führt, wird den eigenen Toten-
kopf, den Schädel, spüren. Oft wünscht man sich, das Gesicht eines Freundes ganz genau vor sich zu sehen, und
fürchtet sich davor, es nicht vor Augen zu haben. Es ge-
schieht, dass es aus dem Gedächtnis herausgefallen ist,
nur in Teilen zu sehen. Und dann dieser Moment, irgendwo auf der Straße, wenn Augen von einer unbeschreib-
lichen Tiefe zu sehen sind. Fast in Form einer anderen
Realität. Diese Augen halten etwas bereit, das man sonst
von nirgendwoher kennt. Dort bleiben. Verweilen.

Ob ich mich tatsächlich in einer Wohnung befinde?, frage ich mich in diesem Moment. Wien, 5. Bezirk? Eher auf einem Schauplatz. In einem Milieu. Mitten in einem Bühnenbild? Ich blicke auf einen den Raum beherrschenden Einrichtungsgegenstand. Man könnte behelfsweise von einer bis zur Decke reichenden Bücherwand sprechen. Es scheint hier um anderes zu gehen als um den gezielten Zugriff auf ein bestimmtes Werk. Die Bücher sind in wilden Schüben übereinandergestapelt. Stehen sich längs und quer gegenseitig im Weg. Unmöglich, auf die Suche nach einem einzelnen Buch zu gehen. Weil Titel bei dieser Form der Lagerung nicht erkennbar sind und jede Berührung des chaotischen Schichtwerkes die benachbarten Bücherberge zum Einsturz bringen würde.

»Auf frühen Kinderbildern entdecke ich etwas Erstaunliches.« Einen Ausdruck, sagt sie, der ihr mitteilt, »da bin ich echt«. Als würde ein wesentlicher Teil der Person überdeutlich zu sehen sein. Dann aber, irgendwann, sei etwas dazwischengetreten, habe sich dazwischengeschoben. Störend. Zwischen sie und das Kind auf dem Foto. Sie würde dem den Namen Eitelkeit geben.

Im Alter verliere sie an Bedeutung, glücklicherweise. Damit kommt man dem früheren, vielleicht wahrhaftigeren Leben wieder näher. Als Kind, sagt sie, habe sie niemals einen Schmetterling gefangen, niemals auf einen Käfer Jagd gemacht. Das Kind befand sich in der Vorform jenes kontemplativen Lebens, auf die sie, die

Erwachsene, jetzt nach so vielen Jahren wieder zurück-gekommen sei. Möglich, dass davon im gegenwärtigen Gesicht etwas sichtbar werde. Dass es deshalb so uner-giebig sei, es anzuschauen. Eben, weil es damals den Gartenpflanzen stundenlang bewegungslos zugewandt gewesen sei. Das Kind träumte vor sich hin und fühlte sich nur hier, im Innenhof des Hauses, geborgen. Und so, auf diese Weise, sei ein verschwundenes Gesicht, ein mit einer besonderen Art der Reglosigkeit gezeich-netes Gesicht daraus geworden. Vielleicht könnte das Wort »Stille« es am besten beschreiben.

Ich hatte das voluminöse Möbel im Hintergrund die ganze Zeit vor Augen gehabt. Notwendigerweise, wenn ich meine Gastgeberin anschauen wollte. Ob an die Stel-le des alten Gartens diese Bücherwand getreten war? Ich schaute auf zusammengeknautschte Kleidungsstücke, auf einen Kopfkissenbezug, einen mit allem Möglichen gefüllten roten Einkaufskorb der Firma SPAR. Auch eine alte Schreibmaschine war dabei. Eines der vielen Bücher stand auffällig aufrecht da, gut leserlich, vorn an der Kante eines Regals: Ernst Jandl, *Der gelbe Hund*. Zwischen Bergen ineinandergeschobener Zettel, Kalen-der, Briefe und Broschüren. Als mir einige Jahre später ein Freund eine vielfach veröffentlichte Panoramafoto-grafie dieses inzwischen häufig abgebildeten Zimmers zusandte, machte ich sie zum Ausgangspunkt eines *workshops* in einer norddeutschen Akademie; im Be-reich »Freie Kunst«. Mit der Frage, welche Erfahrungen, welche Lebenswirklichkeiten sich mit einem Interieur wie diesem verknüpfen könnten.

Die Unaufgeräumtheit hat eine Sprache, dort im 5. Bezirk. Sie redet von einem Kind, das seinen Blick nicht abwenden kann von seinem verwilderten Garten. Von der herrenlosen Ordnung der Blumen neben dem Gemüsebeet, neben den Bäumen und Zäunen. Alles platzt vor Leben, sonst hätte das Kind sich dort nicht stundenlang aufgehalten. Hätte später die Dichterin, die einmal hier wohnte, nicht einem Buch schon im Titel die Worte »ans Fenster tretend« mitgegeben. Um von dort aus die Welt als ein tollkühnes Improvisorium zu erleben.

»Das einzig noch immer Sehenswerte an diesem Gesicht sind die Augen«, sagte sie dann und wies auf deren dunkle Bemalung. Gleichzeitig seien sie einem geradezu hypochondrischen Gefühl ausgesetzt, der Angst, sie könnten verletzt werden. Es könnte ihnen irgendwann etwas zustoßen. Sie suchten nach Schutz. Auch vor dem Starren der Kinder auf der Straße. Ihr Starren würde sich auf furchtbarste Weise Zugang zu ihrem Gesicht verschaffen wollen. Weil ihm der Wunsch anzusehen sei, ein unansprechbares, unauffindbares Gesicht zu sein. Ein also auch in dieser Unbehelligtheit grundsätzlich nicht haftbar zu machendes Gesicht. Für nichts auf der Welt. So ist dann dieses Haar zu seiner Form gekommen, denke ich. Es wird als Helm eingesetzt, als Vorrichtung herangezogen. Gesicht, Auge und Haar, ein lautlos für sie kämpfendes Team.

»Es gibt Gesichter, in denen die ganze Welt zuhause ist«, sagt sie. Bei Francis Bacon beispielsweise. Salvador

Dalí. Beckett. Sie dagegen habe aus dem schützenden Versteck des Inkognitos auf die Welt geschaut. Auf den verrätselten Abdruck von Innenwelten, auf das Geflecht der *Übergänge*. Schon auf frühen Kinderbildern sei die Vereinsamung erkennbar gewesen. Und ein Gesicht, das diese Phase im Grunde niemals verlassen habe. Auf der Bettdecke im Nebenzimmer, sorgsam ausgebreitet, sehe ich eine Vielzahl von medizinischen Präparaten. Tuben, kleinen Flaschen. In Reih und Glied, sorgsam sortiert. Tagsüber kommen sie der Reihe nach zur Anwendung und werden vor dem Schlafengehen von der Decke abgeräumt.

Es gebe Bleistifte, sagt sie, eine ganz bestimmte Sorte, die auf dem Papier nur einen schwachen Abdruck hinterlassen würden. So, genau so wie diese Stifte, möchte man im Leben gewesen sein. Nichts anderes solle übrig bleiben als ein weißes, leeres Blatt. Die Welt dagegen müsste ganz lebendig sein. Sie müsste unentwegt gesehen werden können. Die Tiere müssten ganz leibhaftig sein. Die Gegenstände körperhaft. Die Straße voll von Menschen, und alles dies müsste immerzu zu sehen sein.

Auch die Bühne des Akademietheaters, man spielt *Baumeister Solness*. Da darf man sich kein Detail entgehen lassen. Immer wieder entnimmt sie einem der drei oder vier kleinen Beutel, die sie neben dem Rucksack mit sich führt, ein neues, anderes Brillenetui. Mehrfach werden die Brillen ausgetauscht, werden überprüft auf ihre Eignung hin. Welche von ihnen kann am anschaulichsten, am überzeugendsten zu erkennen geben, was auf der Bühne zu sehen ist? Welche die Lebendigkeit der Welt und der Menschen am deutlichsten sichtbar machen?

Kafkas Erzählung *In der Strafkolonie* ritzte, furchte ein Wundmal in mein vierzehnjähriges Leben. Es musste mir etwas entgangen sein. Irgendeinem Umstand musste ich zu wenig Aufmerksamkeit geschenkt haben. Ich musste über Dinge hinweggesehen haben, die mich auf Kafkas Erzählung hätten vorbereiten können. Auf die Erstarrung, die mich beim Lesen befiel. Mich zu einem Gedenkstein machte, der ein Buch in den Händen hielt. Wenn ich heulte, weil die Mutter traurige Lieder sang, sprang sie ein mit den Worten: »Es ist doch nur ein Lied.« Warum konnte die naheliegende Variante, »Kafka hat doch nur eine Geschichte erzählt«, so überhaupt keine Beruhigung bringen?

Ich fing an, mir Ereignisse meines kurzen Lebens Stück für Stück vorzunehmen. Engpässe, Bedrohungen, die als Vorgeschichte meines Schreckens eine Bedeutung haben konnten. Dinge, die sich im Gedächtnis festgebissen hatten und schwer wieder loszuwerden waren. Etwa, dass damals im Osthavelland die Fensterläden nachts nicht richtig geschlossen hatten und ihr Klappern so klang, als würde jemand von außen an ihnen zerren und sie zu öffnen versuchen. Oder die Kieferklemme des Vaters. Er konnte nicht essen, nicht sprechen, nicht lachen, ein unbekannter Mann hatte sich bei uns eingenistet. Das alles aber war kraftlos, wirkte verbraucht gegenüber den bei Kafka auftauchenden Wörtern: »Egge«, »Apparat« und »kleiner Stichel«. Wör-

21

ter, die weiter rumorten, auch als sie bereits jahrzehntelang in den Hintergrund getreten waren. Anwesende ohne Plazet. Parasiten.

Wenige Jahre ist es erst her, dass ich mit einem Ereignis zu tun hatte, das Bewegung in die Geschichte brachte: Im Hinblick auf ein Buchmanuskript beschäftige ich mich mit der Vergangenheit meiner Familie. In einer Mappe mit amtlichen Dokumenten finde ich ein Notizbuch meines Vaters. Ich entdecke kurze Eintragungen über sein Angelzeug, seine Berliner Lieblingsrestaurants, Details über sein Herzproblem. Dabei stoße ich auf die folgende Notiz: »G. überwältigt!«, und den Hinweis auf das Treptower Raritätenkabinett. Deutlich sehe ich das Bild eines mit Wasser gefüllten Bassins vor mir. Dort stehe ich an der Hand des Vaters, ein Kind, das Herzklopfen hat. Ich schaue auf den unbekleideten Körper einer Frau, die sich, abenteuerlich koloriert, wie eine Tänzerin durchs Wasser bewegt. Sanft schwingend haben sich allerlei Unterwassergewächse auf ihrer Haut niedergelassen. Die Herkunft des ozeanischen Wesens hat etwas Fernliegendes an sich. Es bringt, noch jetzt, das Gefühl mit, seiner Unerforschlichkeit nicht gewachsen zu sein.

Für den Vater ist die unterseeische Frau mit den bunten Häuten offenbar keine Unbekannte. Sein Versuch, mir ihr einsames Leben zu erklären, landet bei dem Wort »Tätowierung«. Es klingt nach Arztbesuch und nach Nägelschneiden mit einem dafür ungeeigneten Gerät. Tatsächlich spricht er kurz darauf vom Piksen und Einritzen in die Haut. Vom Gebrauch einer »Nadel«, die mit farbiger Tinte vorgeht. Sie »stichelt« in eine »tiefliegende Hautschicht« hinein, fügt er hinzu. Seine Erklärungen enden mit den Worten, insgesamt sei die Prozedur nicht ganz schmerzfrei zu überstehen. »G. überwältigt!«, die Eintragung des Vaters ist vieldeutig. Schon damals muss wohl die enge Verbindung der beiden Wörter »Nadel« und »Sticheln« das Kind »überwältigt« haben; während es auf eine Frau blickte, die als blütenumrankte Amphibie durch ein Bassin glitt.

Wie von selbst zeigen sich die »Zugangs«-Daten eines entzündlichen Phänomens. Die Frau im Bassin und Kafkas Delinquent, beide Male zwei formvollendet Verwundete, die sich in meiner Geschichte begegnen. Als hätte sich eine im Irgendwo herumgeisternde Logik der Sache angenommen. Fast, als unterstütze sie mein Vorhaben. Würde den Distrikt des Geschehens in eigener Regie durchkämmen. Naheliegend, dass mein maßloses Zurückschrecken vor Kafka mit dem Parallelismus der beiden Fälle zu tun hatte. Es taucht der Gedanke auf, es müsste zu einem »dritten Mal« kommen. Wie im Märchen. Das »dritte Mal« bringt immer die Lösung, führt das Ende einer Verkettung herbei.

Ab und zu machte ich einen Spaziergang im Grunewald. Nicht unten am See, sondern oberhalb davon. Dort gab es eine Kiefernanpflanzung, die aus dem Waldweg eine Allee machte. Die Stämme der Bäume, aus einem bestimmten Blickwinkel gesehen, glichen aufrecht stehenden, gestaffelt aneinandergereihten Fabrikaten. Mitten in der Natur. Plötzlich entdeckte ich in ihnen die in meiner Kindheit aufrecht abgestellten Schallplatten. Sie hatten etwas so Unumstößliches an sich wie diese Allee. Eine Gleichartigkeit, ineinandergleitend wie eine filmische Überblendung. Wie viel Mühe sich der Vater gegeben hatte, mir zu erklären, warum die schwarzen Scheiben Musik machen konnten. Wie seine Hände die Flut der unbekannten Wörter einzubetten versuchten in Linien und Kreise. Von »elektrischen Impulsen« war die Rede, von »Amplituden« und »Schwingungen«. Ich war der Empfindung von damals, einem leisen, aber stabilen Entsetzen, auf einmal, hier im Grunewald, wieder ganz nahe. Mir war die Frage nicht aus dem Kopf gegangen, wie man Klavierspiel, Geige und Gesang in dem kohlschwarzen, unentwegt kreisenden Wesen hatte unterbringen können. Es hatte damals nur eine einzige einleuchtende Erklärung dafür gegeben. Als Verursacher der schwarzen Scheiben hatte der Vater ganze Musikkapellen in winzige Partikel zusammengequetscht: um sie platzsparend in dem schwarzen Ding unterzubringen.

In diesem Moment tauchte der sogenannte Tonabnehmer vor mir auf; Vaters schonungsvolle Umschreibung einer Nadel. Spitz, von stählerner Machart glitt sie in die vorgestanzte Prägung der Rillen hinein. Ihr Werk und das der Bassin-Künstlerin hatten, wie es scheint, eine heftige Spur bis hin zu den in der *Strafkolonie* betriebenen Torturen gelegt. Ein *teamwork* der Motive, man kann es nicht anders nennen. Kann es in den Wind schlagen. Oder ihm eine psychoanalytische Bedeutung geben. Eine poetische, eine erkenntnistheoretische. Man kann eine von Zufällen durchmischte Rätselfigur ins Feld führen. Oder Benjamins »physiognomische« Konstellation. Alles dies lebt, hat seine Wirklichkeit, greift über auf uns, die wir nach Worten suchen.

Magazinräume

*Archiv der Stiftung Deutsche Kinemathek, Reuchlin-
straße 10-11, Aufgang S und J, 10553 Berlin*

Betrachtet man ihre abgetragenen Schuhe, das Schief-
gelaufene, dann glaubt man nicht, dass es die von Marlene Dietrich sind. Sieht man sich diese abgewetzten
Seidenpumps an, die Wanderschuhe, seitlich aufgerie-
ben, von Steinen gestreift. Und Sohlen, durch Pfützen
gelaufen, durch Sand, Staub und Zweige. Hineingetre-
ten, hängengeblieben. Schaut man sich diese Reißver-
schlüsse an, den Leopardenmantel aus Samt mit den
eingenähten Schweißblättern, den Abdruck der Hände,
Hauttemperatur, abgelegt auf dem überempfindlichen
Gewebe, im Schwarz eines Kleides von Madeleine Vionnet. Dann erkennt man die Spuren des Auf-der-Welt-
Seins wie Blut im Gefüge der Adern, wie Herzschlag,
wie Summton im Innenohr. Gespeichert, hingetupft in
eine Textilie und dort für lange aufbewahrt.

Nimmt man dann dieses Kopftuch zur Hand, für eili-
ge Ausgänge im Regen, sieht man auf ein Phantom in
Form einer Haube. Eine gut gemachte Täuschung mit
eingearbeitetem Haarteil. Langmähnig, blond, ein glatt-
gebürsteter Balg. Mit Litzen versehen und mit Sorgfalt
umsäumt.

Verschalungen in Samt, Monturen der Geselligkeit, sie
hängen auf Puppen, hängen im Raum herum. Ein blü-

hendes Eigenleben einerseits, andererseits der verabschiedete Körper: Man könnte fast von Malerei und Muster sprechen, wie hier und dort ein Abdruck sichtbar wird. Ein Fleck, ein kleiner Riss, etwas Geflicktes. Sie haben sichtbar in Stoff und Schuh überlebt. Ein versprengtes Rot vom Wein trifft auf Gelbseidenes, erweist sich als Schwachpunkt, als Blöße, als Endlichkeit. Und gerade diesen Körper hatte man für ewig gehalten, für ein dauerhaftes Gehäuse. Für eine übertrieben genaue Sichel im Paramount-Schwarzweiß.

Als Nächstes kommen die Schachteln dran. Da stößt man in Nr. 253 auf Damenbinden. Diverse Modelle, abgelegt unter »Hygiene«. In Zellophan verpackt, in rote Seidentaschen eingenäht, die ständigen Begleiter der lästigen Inkontinenz, intime Kontakte aus Vlies, Watte, Gaze, Papier.

Man fragt sich und will es wissen, die Küchenschürzen nimmt man hin. Die *Duineser Elegien*, die Krepppapiermanschetten für die Blumenbouquets, die Handschuhe und Nagelscheren in hundertfacher Ausführung, nicht aber das Hakenkreuz. Man hält auf einmal diese Schachtel in der Hand, man starrt auf eine rote Stoffbahn, in einer Schachtel untergebracht wie die aus Tüll und Seide gewobenen *shawls*.

Die Eintragung auf der weißen Karteikarte

Objektart: Armbinde (Militär)
Designer: Reichszeugmeisterei der NSDAP

Entstehungsort: Deutschland
Datum: 30er, 40er Jahre
Farbe: Rot, Schwarz, Weiß
Material: Baumwolle
Stoffbezeichnung: Leinwandbindung

Der Überbringer? Mag sein, ein amerikanischer GI, so lautet die Vermutung der Archivangestellten. Ein GI, ein Schauspieler, ein Drehbuchautor. Ein Zeichner, vielleicht ein Kameramann. Einer von ihnen hat die Trophäe ins Haus gebracht, dieses Mal kein Blumengebinde. Dieses Mal brachte man der Gastgeberin einen Gruß aus Deutschland mit. Der Gruß hat eine Archivnummer erhalten, man hat ihn in einer Schachtel abgelegt, umwickelt mit säurefreiem Papier. So wie die Krokodilledertaschen, die Hüte und Handschuhe. Im Kosmos der Diva wird alles zur Couture. Zum Gesang der Sirenen.

Die Großmutter. Ein sperriges Porträt. Der Vater war im Schallplattenstudio zuhause, die Mutter in einer aufmerksamkeitsheischenden Gefühlswelt. Zwei ergiebige Produktionsstätten, wie ich fand. Man hatte die Ohren aufzusperren, musste sich ranhalten. Das Paar war spezialisiert auf temporeiche Szenenwechsel; erstaunlich gut aufeinander eingespielt. Auch ihre Unstimmigkeiten fand ich fesselnd, dann war die Hölle los. Demgegenüber hatte die Großmutter, die mit uns lebte, schlechte Karten. Ich hatte sie abgehakt unter »triste Unauffälligkeit«. Verwachsen mit ihrer Vergangenheit, blieb sie Teil einer legendären Stadt, die Breslau hieß. Teil einer Rede über die einstmalige Wohlgestalt ihrer Beine. Und einer Prozessgeschichte, die mit der Firma Faber-Castell zu tun hatte und deren unrechtmäßig einbehaltenen Dividenden. Mein Gedächtnis zeigt ihr weißgepudertes Gesicht, verschneit sah es aus; zeigt sie, wie taumelnd mit ihrem Stock verwachsen; mit Augen, die hinter der kompakten Verglasung der Brille die Pupillen so klein wie Stecknadelköpfe erscheinen ließen. Der Vater brachte die beiden Söhne mit in die Ehe, die Mutter meine Großmutter. Eine Frau, in die Familie einsortiert auf gut Glück, die ihren Platz nicht finden konnte.

Mein Blick machte ihr gegenüber dicht. Es fehlte ihm schlicht eine Spielregel für den Umgang mit ihr. Er vergaß sie, sobald sich die Zimmertür hinter ihr schloss.

Ihre Kleider, von der Hausschneiderin angefertigt, hatten durchgehend die gleiche Schnittführung: kleiner Kragen, Knopfleiste, ein in breiten Falten zugeschnittener Rock. Als Pferdeliebhaberin war sie die Eigentümerin eines Tabletts mit lauter farbig fotografierten Pferdeköpfen. Als Anhängerin von Adolf Hitler besaß sie ein gerahmtes Foto von ihm. Hinter der Schrankwand versteckt, wurde es von den Transportarbeitern gefunden, die unseren Umzug aus Brandenburg nach Berlin bewerkstelligten.

In einem abgelegten Album entdeckte ich viele Jahre nach ihrem Tod ein mir unbekanntes Foto von ihr. Jung ist sie noch, bekleidet mit einem weißen Seidenjackett. Sie sitzt an einem Teetisch, ihr feines Gesicht ist über ein aufgeschlagenes Buch gebeugt. Abenteuerlich ihre Kopfbedeckung. So hatte ich die Großmutter noch nie gesehen, einen solch hoch aufgetürmten Hut hätte ich ihr nicht zugetraut. Der über der Stirn nach oben sich verjüngende Aufbau war aus Federn in Form einer Agraffe geschaffen. Mitte der zwanziger Jahre, vermutete ich. Und schämte mich für den Gedanken, das Foto, wäre ich ihm nur früher begegnet, hätte womöglich eine Brücke zur Großmutter geschlagen. Einem Damenhut diese Macht zuzusprechen war skurril, es war erbärmlich. Und trotzdem, unter der Hand nicht ganz ohne Überzeugungskraft.

Ihr krankes Herz wäre nun so weit, sagte sie eines Abends. Stündlich könnte es seinen Dienst einstellen, sie sei bereit zu sterben. Zuvor aber wünsche sie sich, noch einmal in ihrem Leben Tschaikowskys *Capriccio italien* zu hören. Mit einem Bein schon in dem großen Ereignis, hatte sie sich in ihrem Zimmer im ersten Stock des Hauses ins Bett begeben. Unten im Musikzimmer legte der Vater die Schallplatte auf und drehte den Lautstärkeregler auf Fortissimo. Ich hatte Platz bezogen auf den Treppenstufen: zwischen Tschaikowskys lautstarken Blasinstrumenten, zweiundzwanzig an der Zahl, nebst Glockenspiel, Trommel und Becken, und dem stillen Horchen der zum Abschied bereiten Großmutter. Das war viele Jahre, bevor sie in einer überfüllten Berliner Klinik, vereinsamt in einer Badewanne abgelegt, leibhaftig gestorben ist.

Begleitet von sanftem Geschepper, räumte sie die Messer und Gabeln tagtäglich in die Fächer eines Besteckkastens ein. So lange, bis die Anordnung stimmte. Sie kniete katholisch vor diesem Schrein, ihre Finger verschwanden in den blauen Einbuchtungen einer unzweckmäßig von Samt überzogenen Fächerordnung. Dagegen waren ihre Hände alles andere als geradegerückt, ordnungsgemäß ausgerichtet. Knotig, geschwollen waren sie. »Das hat mit der Gicht zu tun«, erklärte man mir. Mit der schlechten Ernährung im Kaiserreich und ihrer Vorliebe für fettes Fleisch. Den Schwellungen konnte man ansehen, wie es den Händen unter die Haut gegangen war. Ich wollte nichts von einem Leben wissen, das die Hände der Menschen derartig verschandelte.

Wenn sie ihre Lieder sang, wand ich mich vor Unbehagen, sie brachten schlechte Laune mit. Nichts klappte, nichts ging glatt. Es *Kommt ein Vogel geflogen*, der aber allein, ohne die sehnsüchtige Liedsängerin weiterflog. Das Gleiche bei *Horch, was kommt von draußen rein*, auch hier ein Zurückbleiben und sehnsüchtiges Hinterherschauen. Ich war in einem Alter, in dem das wörtlich Genommene den Ton angab. Wenn sie sang, dann, so erschien es mir, von eigenen Rückschlägen. Von Schiffbrüchen in Liedform. Manchmal, unerwartet, jede von uns beiden mit Besorgungen beschäftigt, standen wir uns plötzlich auf einem Bürgersteig gegenüber. Sie machte auf mich den Eindruck, einer Geisterwelt entsprungen zu sein. Urvertraut in den Umrissen, aber versetzt in ein »Außerhalb«. Ein Grundriss ihrer selbst. Ein Zitat.

Mit Verwandlungen, Formwechseln kannte sie sich aus. Sie wird Eleonora Duse geliebt haben. Wenn die Eltern von ihren beruflichen Reisen zurückkehrten, wurde der schwarze Kajalstift in Anschlag gebracht. Sie malte sich dunkle Ringe unter die Augen, die dem Gesicht etwas Unausgeschlafenes, Gequältes verliehen. So wollte sie den Blick der Heimkehrenden auf mich als Verursacherin lenken, auf den Kern des Übels: meine nervtötende Widersetzlichkeit. Damals fand ich ihr Verhalten tückisch, heute kann ich einen gewissen Einfallsreichtum darin erkennen. Ein Stückchen erfinderischer Theatralität.

Und dann passierte dieses Abendessen zu dritt. Die Großmutter hatte gekocht, unerwartet fand sich einer meiner Brüder, der jüngere von beiden, ein und setzte sich dazu. Vor kurzem hatte er direkt um die Ecke ein Zimmer bezogen und berichtete über seine Vermieterin. Ich erzählte von einer Demonstration gegen die Schändungen der Gräber auf einem jüdischen Friedhof. Und von meiner Entscheidung, die ich mit wild entschlossener Empathie getroffen hatte, an der Demonstration teilzunehmen. Wie ich auf eine derart abwegige Idee habe kommen können! Gereizt, fuchsteufelswild der Ton, in dem die Großmutter ihren Kommentar vorbrachte. Mein Bruder und sie waren kurz darauf in ein erbittertes Gespräch verstrickt. Zum ersten Mal hörte ich das Wort »Judenpogrom«. »Schon im sechzehnten Jahrhundert hat es Judenpogrome gegeben«, sagte die Großmutter überlaut.

Ich bin an diesem Abend dreizehn Jahre alt und weiß es noch nicht. Dass meine Brüder eine andere Mutter hatten. Dass ihre Mutter, neu verheiratet, eine jüdische, eine in Auschwitz umgebrachte Mutter ist. In diesem Moment, an diesem Tisch hatte ich keinen Blick für die Bedeutung der Situation, wenig später wurde sie mir von meinen Eltern vor Augen geführt. Und ist mir dann nicht wieder aus dem Sinn gegangen. Das Foto hatte die Großmutter in friedfertiger Gefasstheit gezeigt. Milde. Wunderschön. Es musste doch eine Entsprechung in ihrer Seele, eine Art von Einmütigkeit zwischen ihm, dem Foto, und ihrem Blick auf die Welt gegeben haben. Was war mit dem feingezeichneten, über das Buch gebeugten Gesicht? Und was mit dem Buch selbst? Es konnte ein Roman von Vicki Baum gewesen sein. Aber genauso gut auch der erste Band von Adolf Hitlers *Mein Kampf*, der im Sommer 1925 erschienen ist. Nicht, dass ich das behaupten möchte. Aber ausgeschlossen ist es eben auch nicht.

Mein Bruder. Eine Geburtstagsrede. »Das Glück der Jugend besteht im Besteigen der Berge. Das Glück des Alters im Verstehen des Wesens der Berge.« Es kommt mir so vor, als habest Du früh herausgefunden, dass die Eroberung von Bergmassiven, die Bewältigung von Steilhängen keine unabwendbaren Notwendigkeiten für Dich darstellen würden. Du willst die Dinge aus der Nähe sehen, ihr Wesen mit einem Blick aus sicherer Position heraus verstehen. Daher hast Du den Beobachterposten bezogen, bist ein kundiger Augenzeuge unserer Zeit. Ich meine damit nicht nur Deinen Blick für die Eigenschaften und die Machenschaften der Politiker weltweit, Du kennst auch jede größere Baustelle in Nord und Süd von Berlin, weißt von den Traditionen, den Menschen in dieser Stadt, von ihren Sorgen, ihren Lebensverhältnissen. Du bist für viele von uns, die wir Dich heute feiern, zu einem hilfreichen Freund, zu einem Ratgeber geworden. Ich konnte mir Deiner Hilfe, Deiner Zuwendung in den letzten Monaten, in denen ich vieles zu bewältigen hatte und nach Boden unter den Füßen suchte, immer sicher sein.

Manchmal sehe ich unsere filmsüchtige Familie vor mir, die zu den Palästen am Kurfürstendamm aufbricht. Jedes Mal ein Stress für uns, die wir einen möglichst guten Platz in der Mitte der Reihe für unverzichtbar hielten. Du wusstest immer schon, wo Du sitzen würdest: am Rand, auf einem Seitenplatz. Während wir, zwischen Triumph und Niederlage hin- und hergerissen, angestrengt und mit leisen Anzeichen von Panik zu den besten Plätzen strebten, hattest Du Dich längst niedergelassen und wartetest den Gang der Ereignisse ab; ausgesöhnt mit der Situation. So wollten wir alle es jedenfalls sehen. Unsere Zuneigung für Dein Entgegenkommen, Deine Lässigkeit und Höflichkeit war grenzenlos. Eigene Zweifel an unserer entschlossenen Tatkraft dürfte es reichlich gegeben haben.

An die dunklen Augenblicke Deiner Kindheit wollen wir heute nicht erinnern, aber sie auch nicht vergessen. Du wurdest in eine mörderische, für Dich lebensbedrohliche Zeit hineingeboren. Dein Verlangen nach Sicherheit, nach der Überblickbarkeit der Lage hat eine für Deine Existenz ganz besondere Bedeutung. Sich vorzustellen, wie häufig Du, ein Assekuranzmakler, die Worte »Versicherung« und »Police« ausgesprochen hast! Kein Wunder, dass Du deshalb verschiedenartige Versuche unternahmst, außerhalb davon ein paar andere, ereignisreichere Schauplätze auszutüfteln.

Du liebst den Gesang und hast mit dem Gedanken gespielt, Deine Baritonstimme ausbilden zu lassen. Du wolltest unbedingt mitten in der Stadt ein Pferd haben. Nach langem Hin und Her erschien Dir dann aber die Anschaffung eines Gebrauchtwagens die richtigere zu sein. Du hast Dich für ein kanariengelbes Cabriolet entschieden. Du liebst das Varieté wie unser Vater. Du lässt Dich gern auf einem großen Schiff übers Wasser tragen. Du hast mich ins Eiscafé Monheim eingeladen. Da war ich Fünftklässlerin, und Du weihtest mich in ein Phänomen ein, das ich bisher nur aus Büchern kannte. Du warst der erste leibhaftige Mensch, der mir die Qual des Liebeskummers nahebrachte. Ein Gefühl, wie Du mir vor Augen führtest, das Herz und Kopf und alles, was ist, in Fremdkörper verwandelt. Nichts ist mehr so wie zuvor. Das Wort »Taumel« spielte eine Rolle und das Gefühl, mit Dir am gleichen Strang zu ziehen. Ich habe Deine Entscheidung, in dieser todunglücklichen Situation auf mich zu zählen, niemals vergessen. Nicht nur, dass Du mir, der kleinen Göre, Dein Vertrauen schenktest und mir den größten, mit Schokostreuseln und bunten Fähnchen dekorierten Eisbecher spendiertest. Du hast mich einen tiefen Blick in die Wirklichkeit der Erwachsenen tun lassen. Dass wir ins Leben nämlich nicht wie die Pflanzen hineinwachsen, sondern von ihm ergriffen, von ihm verwüstet werden können. Schöner als ein Eiscafé kann der Ort einer Initiation gar nicht sein.

Lieber Bruder, der Tag, an dem Du geboren wurdest, war ein vielversprechender Sonntag. An diesem Tag besuchte Gandhi den Vatikan, der Film *Emil und die Detektive* hatte kurz zuvor in Berlin Premiere, das Drehbuch stammte von Billy Wilder. Das Wort Tonfilm hatte noch eine spektakuläre Bedeutung. Auch das von der »Goldmundstück-Zigarette« gehört in diesen

Tag. Die Sängerin Gitta Alpár war als Gräfin Dubarry zu sehen. Das alles entnehme ich meinem heutigen Geschenk an Dich, der in einem Antiquariat aufgestöberten Originalausgabe des *Berliner Tageblattes*, erschienen am Tag Deiner Geburt. Man ist berührt von der Ungezwungenheit, Selbstverständlichkeit, mit der eine Teppichfirma mit Namen Israel ihre Ware annonciert und die jüdische Altershilfe, unter Mitwirkung der Schauspielerin Camilla Spira, einen vorweihnachtlichen Gesellschaftsabend anzeigt. Was geschah noch am 6.12.1931? Eine Margarinefabrik wird zum Kauf angeboten, das KaDeWe wirbt für Herrengamaschen. Ein Artikel trägt die Überschrift: »Der Kulturmensch benutzt seine Füße selten in der Form ihres natürlichen Baus.« Mit den Füßen hatte man es an diesem Tag. Der neue Film *Der weiße Rausch* von Arnold Fanck wird mit dem Untertitel versehen: *Neue Wunder des Schneeschuhs.*

Ich möchte noch vieles mit Dir teilen, brauche Deinen wachen Blick, Deine fürsorgliche Aufmerksamkeit, wir gratulieren Dir, wir fühlen uns beschenkt durch Deine Gegenwart.

Protokolle. Kindheit. Schon der Kinderwagen stellt einen Guckkasten dar. Bald fühlt man sich zugehörig zu den Bewegungen und Gruppierungen, die als Farce, Zwischenspiel, als Arie, Drama oder Idylle zu beobachten sind. Man macht sich ein Bild von der Welt, schon da hält man Umschau: losgelassen auf die Schaustellungen einer nicht abebbenden Figurenflut, damit beschäftigt, das zur Betrachtung freigegebene Umfeld eigenen Stimmungslagen zuzuordnen. Man fällt Urteile, man genießt ein triumphales Glück, sich über Bitten, Anordnungen hinwegzusetzen. Bald ist man hineingeschlittert in das *feeling* für Verborgenes und Misslungenes im Leben der anderen. Noch ohne Sprache, sind die aufscheinenden Mysterien dennoch beredt. Die verdächtigen, unwissentlichen Gesten der Mutter. Die kleinen, vom Vater weggelächelten Irritationen. Alles das, aufgenommen ins Protokoll, gehört ihnen, den späteren Zeiten. Könnte Material sein für die dereinst mit den Psychologen fällig werdenden Gespräche. Alles das, was aussieht wie Kleinkram, Larifari, das könnte es sein.

Das wütende Geheul, wenn die Großmutter das gelbe Kleid mit den dunklen Streifen trug. Und das Versteck hinten im Garten, wo ich mich hinter die Mülltonnen duckte. Selbst, wenn die Tonnen zur Sommerzeit zum Erbrechen eklig gerochen haben. Immer noch besser als der tägliche Mittagsschlaf.

Und dann das Unglück des eigenen Größerwerdens. Unabwendbar war es zwischen mich und mein weitgeschnittenes rosafarbenes Lieblingskleid getreten. Wenn von ihm die Rede war, kam mit zwingender Notwendigkeit ein wiederkehrendes Wort ins Spiel. Später bin ich ihm niemals wieder begegnet. Es bezog sich auf das Oberteil des Kleides und hieß »gesmokt«.

Prägend das Gefühl einer unauslöschlichen Beschämung, als ich, ein Vorschulkind, eine zum Tee erwartete Besucherin begrüßen sollte. Auf Bitten der Eltern sollte ich zu ihrem Empfang in der Wohnungstür stehen. In diffiziler Ausführlichkeit begann die Frau ungehalten, Finger für Finger ihrer schwarzen, enganliegenden Lederhandschuhe abzustreifen. Meine ihr zugereichte Hand blieb zitternd in der Luft stehen. Wusste nicht, wohin mit sich.

Die Dinge hatten das Verhalten von herrenlosen Hunden, es waren zügellose, unangreifbare Wesen. Ausgestattet mit einer eigenmächtigen Magie. Wie versteinert hielt man vor ihnen den Atem an. Da war zum Beispiel das Xylophon, auch das »hölzerne Gelächter« genannt. Zwei kleine Holzstöcke konnten es zu einem geisterhaft scheppernden Klingen bewegen. Es gab die hochbeinigen, behände zitternden Spinnen. Im Sommer drangen sie bis ins Innere des Hauses vor. Von dort aus schwärmten sie in alle Richtungen aus. Es war ihnen egal, wenn ein Kind sich vor ihnen fürchtete. Für ihre eigene Unerforschlichkeit hatten sie keinen Blick.

Überzeugend wie immer: die Unternehmungen des Vaters. Er konnte Fische aus dem Wasser ziehen. Konnte vier Knoten in die Ecken seines Taschentuchs machen, es sich in der Sommerhitze über den Kopf streifen, und schon war ein fremder Herr mit Hut aus ihm geworden.

Und dann der Tannenbaum am Silvesterabend. Seine Kerzen, eine nach der anderen, waren schon fast alle abgebrannt. »Wir warten die letzte Kerze ab«, hatte mir die Großmutter versprochen. Eine von ihnen aber dachte nicht daran, ihr Brennen zum Abschluss zu bringen. Bis zum frühen Morgen hielt sie durch. Wir beobachteten, von Sofakissen gestützt, vollkommen übermüdet die nervig ausdauernde, mitleidlose Kerze. Sie war zu einem Gegenüber geworden. Zu einem willensstarken Wunderwerk.

Ein Versäumnis muss nicht notwendigerweise ein Schadensfall sein. Auf diesen Gedanken brachte mich bei einem Abendessen mit Freunden mein Tischnachbar F. C. Delius. Welche Erfahrung es gewesen sei, bei Theodor W. Adorno studiert zu haben. Zwanglos, interessiert hatte seine Frage geklungen. Sie hätte eine schnelle, ebenso zwanglose Antwort verdient. Davon konnte aber keine Rede sein. Ich fand keinen Anknüpfungspunkt, keine Erwiderung, die mir passend, sinnvoll genug erschien. Wusste, wenn überhaupt eine Antwort denkbar war, würde sie aus einer völlig unerwarteten Richtung kommen.

Dabei hätte diese Frage zu einem überaus anregenden Gespräch führen können. Das großmächtige Universum der Kritischen Theorie und seine motivischen Reichweiten hätten meiner Antwort alles Mögliche erlaubt. Man hätte Stoff genug gehabt. Stattdessen aber hatte sich unerwartet eine Empfindung von Leere, von betäubender Einfallslosigkeit über mich hergemacht. Delius schien meine Stummheit gefasst hinzunehmen. Die *Erfahrung*, auf die sich seine Frage gerichtet hatte, war mir in diesem Moment unerreichbar. Sie war zugedeckt von einer ungeordneten, hastigen Folge von allen möglichen Bildern, Bildausschnitten. Von zerstückeltem Material wie in einem schlecht geschnittenen Film: eine unzugängliche, eine unbetretbare Welt, zugeschüttet von einem Wirbel und Sog der Gestalten und Gegenstände, Zimmer und Zurufe. Der Straßenzüge, Häuser, Häusereingänge, und plötzlich sehe ich mich in einem Lift stehen.

Es ist immer die gleiche Situation nach Seminarschluss. Der überfüllte Lift; eine Reihe von Kommilitonen; Adorno, das Gespräch suchend. Dieses Mal bin ich dran, bin ich die diejenige, die *coram publico* Rede und Antwort zu stehen hat. Sorgfältig artikulierend wie immer, lautet die Frage, warum es in seinen Veranstaltungen, auch in dieser eben stattgehabten, so wenige Wortmeldungen gebe. Diese Frage, dieser Augenblick, ich wusste es sofort, sie würden die Antwort bringen, die ich Delius schuldig war. Ohne meine Worte abzuwägen, ohne nachzudenken, höre ich mich zu ihm sagen, schroff, ohne zu zögern: »Es war die Geschichte eines großen Scheiterns.«

Hier war sie, die *Erfahrung*. Ich glaubte, ihre Bedeutung mit Händen greifen zu können, und reichte sie meinem geduldigen Gesprächspartner weiter. Adornos Frage nach dem fehlenden Engagement seiner Zuhörerschaft habe überdeutlich mir gegenüber einen Anspruch geltend gemacht. Sie habe ein Versäumnis eingeklagt. *Mein* Versäumnis. *Ich* hätte es sein sollen, die der peinigenden Situation im Hörsaal eine Wendung hätte geben müssen. Auf keinen Fall hätte ich seelenruhig dabei zusehen dürfen, wie er auf dem Podium sich gewunden und das Schweigen etwas Lähmendes angenommen hatte. Nicht hinnehmen dürfen, dass er immer wieder, viel zu lange ratlos und enttäuscht, auf sein maulfaules Publikum geblickt hatte. »Stoff für einen Roman«, sagte mein Zuhörer nach einer Weile. Ruhig, wie nebenbei.

Eigentlich hatte ich, nach Hause zurückgekommen, skizzenhaft nur schnell ein paar Einfälle notieren wollen. Dann aber, je länger ich dranblieb, je weiter ich kam, desto plastischer sah ich das so lange zurückliegende Geschehen vor mir. Desto geschärfter in seinen Umrissen, desto fassbarer. Als hätte ein maßloses, im Verborgenen tätig gewesenes Zusammengehörigkeitsgefühl der Wörter auf seine Weise die Ereignisse präpariert. Figuriert. Und mir nun die Rohform des ersten Kapitels des Buches *Wiesengrund* zugespielt.

*Das ewige Ereignis einer sich
dauerhaft erneuernden Einmaligkeit*

VOLTEN

Kariertes. Koloriertes. Modelliertes. Schleifen, Schnal-
len, Schlaufen, Schlingen. Gepunktetes, Gesprenkel-
tes, Getüpfeltes. Mit einer Agraffe Befestigtes. Von
Schmucksteinen Verziertes. Zur Doppelschleife Gebun-
denes. In Schmetterlingsform Verfertigtes. Eng Anlie-
gendes, seitlich Weggestecktes. In üppigen Raffungen
lose um den Hals Gelegtes. Von schwergewichtigen
Metallreißverschlüssen Durchquertes. Kreisrund Ge-
bogenes. Mit Perlen, mit dunklen Nerzbordüren Be-
schwertes. Mit eingestanzten Blütenrispen in Schwung
Gebrachtes. Durch spiralförmig montierten Draht in
Form Gegossenes. Pludrig Gerüschtes, mehrfach Ge-
schichtetes. Auf Hüten Drapiertes: ein Schmetterlings-
flügelpaar, ein Vogelnest, ein Löwenköpfchen aus wei-
chem Flanell.

Eingenäht in ihre Darbietungen. Tournüren, Kor-
setts. Westen, Jacken, ausgepolsterte Bustiers. Kragen.
Manschetten. Eingefärbtes Perlmutt. Schokoladen-
braune Wollserge in wogend ausgestellten Stoffbögen
wie Schwungräder. Dann dieses Gewand, das nach-
schleppt, mit Umrissen, die mit jeder Bewegung eine
neue Frau präsentieren. Verwinkeltes. Langgestrecktes.

Winzig Zusammengezurrtes. Die Seide so blank wie Metall, ein Stoff von Raoul Dufy für den Mode-, den Frauenschöpfer Paul Poiret. Von Elsa Schiaparelli der Stehkragen, die zur Kapuze geformte, weitgeschnittene Rahmung des Kopfes. Und ihr »Hummer«-Kleid. Das Meerestier, von Salvador Dalí auf weißem Organza konzipiert: riesig und unübersehbar rot in Höhe der Vulva.

Eingeengt, geweitet, ausgewölbt, flach gelegt. Die unbewegten Frauen bei Vionnet, Patou und Molyneux. Bis hin zur Erstarrung. Die Hände an den Seiten abgespreizt: der »ägyptische Look«. Handflächen, nach vorne zeigend: frühe Reliefs. Die Köpfe zur Seite geneigt, die Körper asymmetrisch verzogen: griechische Vasen. Der mit dicken Polstern ausstaffierte Unterleib, der platt gedrückte Busen, die bombastischen Schultern in Trapezform, präzise justiert. Andere Variante. Der Mantel faltig aufgebauscht, die Ärmel aufgebläht; mitgeschleppte Ballons. Aus schwarzer Stoffmasse herausragend, die zwergenhaft kleinen Handschuhhände. Man denkt an einen Gliederfüßler. Und sein Exoskelett.

Auf Stelzen gestellt. Weltwirtschaftskrise. Hauptsache: gertenschlank. Hungerfiguren. Frauen jetzt nur hinnehmbar im Riesinnenformat. Dramatik einer hochgeschossenen Spezies. Auf Stelzen gestellte Göttinnen. Das bodenlange Futteral eines Mantels aus Leopardenfell: ein Kampftier, gesichtet im Romanischen Café in Berlin. Schleifen, geraffte Tücher, Plissiertes. Rangabzeichen eines Helmbuschs, auf eine Kappe drapiert:

aus Federn und Rosshaar, ein himmelwärts gerichtetes Arrangement. Frau in grünem Bleistiftrock entsteigt mit soldatesker Strenge einem Automobil.

Im Wüstensand, warum denn eigentlich nicht. Schwarzer Samt und Hermelin. Das Fell kleinteilig zerlegt und neu zusammengesetzt, schwarzweiß durchbrochen in den geregelten Mustern einer Strickarbeit. Rosafarbene Blütenblätter einer Kamelie auf dunkelgrünem Grund. Und Vögel mit ausgebreiteten Flügeln, eng gestaffelt die schmalen Stoffbahnen, dicht an dicht wie Gefieder. Ketten, Armbänder, Ohrringe. Große Hüte, kleine Schirme. Federfächer. Straußenfedern. Tücher und Blüten. An Handgelenken befestigte, wehende Stoffe wie offene Ärmel. Um die Schultern gelegte Pelztiere, lebhaft aus ihren Glasaugen in die Gegend blickend. Seide mit Pailletteneinsatz in Rhomboidform. »*Man sieht ein Kleid, in diesem Kleid steckt eine Frau, und das Ganze steht mitten im Wüstensand. Es ist, als hätte die Wüste auf das Kleid gewartet. Genau dieses Kleid hat die Wüste gebraucht.*« (Marguerite Duras)

Halb schon Uniform. Auf dem hellen Georgettekleid der Crawford das Blauschwarz von Weintrauben: auf Höhe der Brüste, als würde ihnen Frischobst entwachsen. Das gleiche Blauschwarz weiter unten, wie Schambehaarung nach außen geschlagen. Die Gardner kramt in einer Bonbontüte herum, kurzärmeliges Kleid, in Frühlingsfarben bestickt. Das Lächeln, leichtgläubig, treuherzig. Nicht wiederzuerkennen, die Gardner. Was aber *ihr*, Marlene Dietrich, so überhaupt nicht gelingt:

bedeutungslos auszusehen. Mit Katapulten in die Unübersehbarkeit schießend, noch dann, wenn sie in herkömmlicher Bekleidung auf einem gebräuchlichen Stuhl sitzt. Von Kopf bis Fuß in grauen Jersey verpackt. Darin eingenäht. Nichts könnte unscheinbarer sein als grauer Jersey. Nichts verschwiegener als dieser Raglanärmel, die Zuschneidetechnik mit den unsichtbaren Nähten. Damit sich dann aber, oberhalb der Grauzone, das Geheimnis des Gesichts umso einprägsamer zeigen kann. Ist es nicht leblos und aufwühlend zugleich? Verloren und besitzergreifend? Frauen sind Zauberinnen, denkt man. Oder selbst Ver-Zauberte. Poetinnen der Anthropologie.

Unkenntlichkeit. Lehnt sich in Tüll oder Leder in eine Tür, im Skianzug an ein aufgeklapptes Piano, an einen Traktor. In Hüten und schwerer Seide an eine Palme, an ein altes Bauernhaus. Promeniert in dicht gerafften Röcken bedeutungsvoll unter Schafen auf einer Wiese, springt im Bikini auf das Trittbrett eines anfahrenden Autobusses, legt sich eine Mistgabel über die Schulter, sieht aus wie eine Madonna und steht in Pink auf einer Bohrturmplattform. Oder auf dem Treppenabsatz einer Schlosshalle als *outdrop* mit einem Netz von Tattoos auf der Haut. Eine Nebenschauplatz-Schöpfung, eine unermüdliche Singularität. La femme comme événement. *»In ihrem Kleid, das wie Perlmutter schimmert«*, schreibt Baudelaire, *»scheint sie zu tanzen, selbst wenn sie nur geht. Wie eine Schlange, die sich biegt und flimmert und auf des heiligen Gauklers Stab sich dreht.«*

Unendlichkeit. Elsa Schiaparelli nennt ihre Mannequins »eine Nahtstelle, einen Knotenpunkt, ein Gerüst«. Aufgereiht stehen sie nackt, wie leblos neben der Wäscheleine, auf der die Roben, die neuen Exponate des Hauses, aufgehängt sind. André Masson hat einer wächsernen Puppe einen goldenen Käfig über den Kopf gestülpt, ihn mit einem Samtband geknebelt. Max Ernst sieht das Mannequin als ein aus allen biologischen Begrenzungen herausgefallenes Hybridwesen. De Chirico als hölzernes Skelett; armamputiert, geschlechtslos. Man Rays Fotografien zeigen auf ein schemenhaft entstelltes Etwas: durch Verlängerung der Gliedmaßen, Verkürzung der Torsi, Beschichtung der Fotoabzüge mit verschiedenfarbigen Gels und mit Gaze. Groteskes, aus der Art Geschlagenes wie sein mit Nägeln ausgerüstetes Bügeleisen.

REVOLTEN

Die Haut, ein Dickicht. Rock und Weste aus naturfarbenem Holz. Schmale, unterschiedlich lange Bretter, zusammengehalten von Scharnieren, Metallschienen und Schrauben. Die Haut, ein Dickicht aus Latten, Leisten, schmalen Planken. Oder belegt mit Stoffen, die von Gänsedaunen unterfüttert sind. Blusen, Kleider aus dem Gespinst von Haaren, von denen am Schluss der im Freien stattfindenden Show nichts mehr zu sehen ist. Mode in Auflösung, »vom Winde verweht«. Anders Jean Paul Gaultier, der seiner Kundin Madonna metallbeschlagene Brustscharniere anlegt. Martin Margiela trennt Secondhand-Kleider auf, setzt sie neu zusammen und besprüht sie mit Schimmel. Hussein Chalayan erfindet einen Tisch, in dessen Mitte eine Frau hineinsteigt, um sich nach und nach das in Schichten und Rauten montierte Möbelstück wie einen Rock von unten nach oben überzustreifen.

Oder gleich eine neue Schöpfungsart. Als »Rohmaterial« sieht sie ihn, als »Software« und »Schlachtfeld«. Der Körper als Ausgangsmaterial ist Offerte und Dauerbrenner der *Body-Art*-Künstlerin Orlan. Sie liegt auf einem Operationstisch. Gerade hat man ihr links, rechts über den Wangenknochen zwei riesige Beulen montiert. Teilstücke von Masken und Skulpturen nichtwestlicher Zivilisationen. Es wird ohne Anästhesie gearbeitet. Jeder Einschnitt des Skalpells eine Intervention. Eine Auflehnung, ein Putsch gegen die Alte Welt. Gegen die Augenweide-Frau, die unwiderstehliche Paradenummer. Auch Cindy Shermans Frauen sehen mitgenommen, ramponiert aus. Ihr formbares Fleisch neigt zu Auswüchsen, zu Vernarbungen und Missbildungen. Einstiegsstellen für zündende Fremdstoffe. Für ein Leben, dem die Formel »überdrehte Hässlichkeit« den visionären Rahmen gibt.

Beschädigungen und Stürze. Der Gesamteindruck: verheerend. Der Körper, ein Krater, speit schlingernde und fremdartige Bänder, Bahnen, Stoffbahnen hervor wie Gewächse. Eine vielförmige, eine wuchernde Kontur. Man läuft in Schuhen herum hoch wie Kothurne. Eine invalide Frau ohne Arme führt ein schillerndes Paillettenoberteil vor. Eine junge Beinamputierte zeigt sich in einem steif plissierten Holzrock. Bleich geschminkte Mannequins mit strähnigen Haaren und zerrissenen Strümpfen bringen das »Flair« von Müll und Obdachlosigkeit auf den Laufsteg. Kleider, die von einer zerbrochenen Nähnadel berichten. Rote, von den Schultern herabfallende, schmale Schläuche winden sich durch transparentes Material, Vinyl, Polyester. Es könnten Katheter sein, umgeleitete Blutbahnen, klinische Vorgänge. Der Zusammenschnitt von Kleid, Maschine und Prothese macht Schluss mit Erscheinungsweisen aus Fleisch und Blut.

Tokio I. Alles eine Frage der Improvisation, sagt Rei Kawakubo. Ihre Mode will »nicht richtig sitzen«. Unfertig sieht sie aus, wie nebenbei entworfen und zusammengenäht. Der Blick gleitet ab, muss sich neu orientieren. Die Schnittführung kennt nur indirekte Lesarten von Oberkörper, von Gesäß und Gebein: Verwandte der sich hinter einer No-Maske verbergenden Stimme. Sichtbar gemachte, unbegradigte Säume, offenliegende Abnäher. Verknautschte Stoffballungen, verrutschte Armlöcher. Wie bucklige Landschaften sehen die vertauschten Vorder- und Rückenansichten aus. Oberteile wie ausgestopfte Kissen. Eckige Ärmel, steife Schärpen, Kleider, wie steckengeblieben in der Vorbereitung. Ihre heile Oberfläche aufgesprengt, unvollendet, bereit, sich in alle Richtungen wie mit Geisterhand zu dehnen, sich auszuwölben, Risse und Verletzungen bloßzulegen. Man erkennt den Körper nicht wieder.

Tokio II. Mariko Mori, Foto-Regisseurin, schickt die Zuckungen nächtlicher Reklametafeln über die Gesichter der Passanten, über Häute und Haare. Sie führen Fluchtbewegungen vor. Ein Zurückweichen von der Erdgeschichte. Menschliches Gewebe als elektronischer Brei und die Silhouetten der Frau als neuartig eingefärbte Ankerpunkte des Imaginären. *»Ihr Auge glänzt wie kaltes Mineral; und auf der Fremden und Geheimnisvollen, in der sich Sphinx und Engel paaren wollen, die ganz aus Schimmer, Diamant und Stahl, liegt nutzlos funkelnd, wie ein Stern im Blauen, die kalte Hoheit unfruchtbarer Frauen.«* (Charles Baudelaire)

»Sie sind Schriftstellerin?« Nach meinem Beruf gefragt, im Zug zum Beispiel, in einem Taxi, nehmen die Gesichter der Menschen, nachdem ich ihre Frage beantwortet habe, einen interessierten Ausdruck an. Es muss sich etwas Angenehmes in ihren Köpfen abspielen. Vielleicht denken Sie an Hermann Hesse oder Patricia Highsmith. Auch die Nichtleser bringen eine Geschichte mit. Als Bedenkenträger eines Versäumnisses oder als Davongekommene, die sich vor der Sintflut des Kleingedruckten in Sicherheit gebracht haben. Aber auch sie, die Lektüreflüchtigen, wollen Näheres erfahren. Sie fragen: »Worüber schreiben Sie?« Tatsächlich sind meine Versuche, ein paar Aussagen dazu zu machen, fast immer merkwürdig schiefgegangen.

Ich bin darauf gekommen, dass jede meiner Antworten, jede, die Eigenschaft hat, von der Tonlage des Staunens wegzuführen, dem das Wort »Autorin« eben noch gegolten hatte. Stattdessen schien eine Art von Taubheit die Fragenden zu überfallen. Sie wirkten auf mich wie verloren in einem anstrengenden, menschenleeren Vorkommnis. Erschwerend kam hinzu, dass ich ihnen mehrere literarische Formen anzubieten hatte. Etwa den Roman, das Hörspiel, die Buchbesprechung. Der Hinweis darauf rückte mein Schreiben ganz von allein in eine Untauglichkeitszone. In solchen Momenten nahm ich selbst mein Schreiben womöglich so wahr; als etwas kopflos Durcheinandergeratenes.

Einige Jahre lang lebte ich auf einer spanischen Insel. »Soy una escritora«, sagte ich bei meiner Ankunft auf die Frage der Nachbarn. *Una escritora!* Es kam mir vor, als würden sie einen Moment lang stehenbleiben vor diesem Wort. Als würden sie nach und nach seine Bestandteile einsammeln. Die Bedeutungen, die das dörfliche Leben an der Atlantikküste für sie bereithielt. Ich hatte in einige der Wohnungen hineinschauen dürfen. Heiligenbildchen, dicht an dicht gehängt, kleine Altäre, Kruzifixe, Kerzen machten aus den weißgekalkten Zimmern Andachtsräume. Denkbar, dass dieses Umfeld es war, das einer Schriftstellerin, darüber hinaus einer Fernreisenden, einen Nimbus gab. Alfonso, im Bananenanbau tätig, brachte seine ganze Frömmigkeit mit, als er mich unerwartet eines Morgens besuchte. Wie immer mit dem über die linke Schulter geworfenen Jutesack. Ungeduldig hatte er mit dem Holzgriff seiner Machete ans Tor geklopft. Hocherregt saß er kurz darauf am Küchentisch und berichtete von seinem nächtlichen Traum. Da habe auf einmal die Mutter Maria vor ihm gestanden, ganz direkt ihm gegenüber. Auch sie mit Jutesack. Deutlich erkennbar sei der Abdruck der Bananen, der *plátanos*, gewesen. So sah sie also aus, die Ewigkeit, das wollte Alfonso mir sagen.

Ich stellte ihm ein Glas Rotwein hin, mein Besucher befand sich in einem Zustand zwischen Zähneklappern und Feierlaune. Die Feierlaune machte das Rennen, es war nun auch von einem Traum nicht mehr die Rede. Das Schauspiel der Begegnung habe sich auf dem schmalen, hinauf zum Ort führenden Pfad ereignet. Sie, die

Mutter Gottes, hätte für Proviant gesorgt auf dem Weg zurück ins Himmelsreich. Einem Analphabeten, einem *campesino* wie ihm, nun folgte der wahre Grund für seinen heutigen Besuch, würde man dieses Ereignis hingegen nicht abnehmen. Niemand würde für möglich halten, dass ausgerechnet ihm das Wunder widerfahren sei. Anders bei einer Schriftstellerin. Bei ihr sei alles möglich. Alles denkbar. Ihr wäre eine Begegnung mit der Mutter Gottes uneingeschränkt zuzutrauen.

Nicht etwa, dass Alfonso es dabei belassen hätte, mich zur Mitspielerin einer so hochkarätigen Begegnung gemacht zu haben. Auf einmal war vom Bürgermeisteramt die Rede. Ich, eine ausgewiesene Schreibkundige, sollte für einen öffentlichen Aushang Sorge tragen. Alle sollten teilhaben an der beispiellosen Begebenheit, der zufolge unser Dorf der Sehnsuchtsort der Mutter Gottes sei. Er werde am nächsten Morgen wiederkommen, das Schriftstück abholen und dem Bürgermeister, Señor Segredo, aushändigen. Ich wusste inzwischen, wie bedeutungslos Verabredungen aller Art für die hiesigen Bewohner waren. Alfonso würde sich bald schon nicht mehr erinnern können an seinen gestrigen Besuch. Jedenfalls kam er nie wieder darauf zurück. Warum sollte er auch! Er hatte seine Geschichte bei mir, der *escritora*, abgeliefert, hatte mir frühmorgens seinen Reichtum ins Haus gebracht. Ein nachbarlicher Visionär mit dem Bananensack·über der Schulter, der keinen Unterschied machte zwischen einem Traum, dem realen Vorgang, einer Heiligen begegnet zu sein, und dessen Bekanntmachung auf dem Bürgermeisteramt der Gemeinde.

Nachmittags, wenn niemand zuhause war, kniete die Elfjährige vor dem Bücherschrank der Eltern, vielleicht auf
der Suche nach den Heimlichkeiten der Erwachsenen.
Wiederholt befasste sie sich erfolglos mit einem Buch,
in dem sie auf einen unerhörten Satz gestoßen war. Es
war die Rede von einem Mann und einer Frau, die sich
tage- und nächtelang in einem Zimmer aufhielten. »Nur
eine Magd hatte Zutritt«, so lautete der Satz, »um ihnen
täglich eine Schale frischer Trauben zu bringen.« Sie
konnte nicht aufhören, sich über seine Bedeutung den
Kopf zu zerbrechen. Dunkel musste es dort sein. Man
konnte sich kein Tageslicht in diesem Raum vorstellen.
Die Magd hatte sich im Zimmer vorzutasten, um täglich
dort die Schale abzustellen. Das war ihr Auftrag, das
Paar wollte unerkannt bleiben. Eine Schale passender-
weise, nicht Teller oder Schüssel. Der Geruch von Ge-
bratenem hätte das Zimmer in eine Kantine verwandelt.
Erwünscht waren allein die an feinen Rispen entlang-
wachsenden erfrischenden Früchte der Weintrauben.

Seine Zurückgezogenheit verlieh dem Paar einen be-
rückenden Reiz. Es existierte weit weg von dem Ort in
der Mark, wo sie mit ihren Eltern lebte. Umgeben von
zwei Seen, nahe einer Bushaltestelle und einem Guts-
hof. Das Zusammenspiel des unsichtbar bleibenden
Paares mit der zugangsberechtigten Magd türmte sich
vor ihren Augen wie ein zeitgleiches, aber unerreichbar
bleibendes zweites Weltall auf.

Sie wird zu dieser Zeit das sexuelle Geheimnis im Leben der Erwachsenen mitbekommen haben. Die irritierenden Geräusche aus dem elterlichen Schlafzimmer konnten keine Einbildung gewesen sein. Den Gedanken, der Vater würde die Mutter verprügeln, hatte sie fallengelassen, von der Mutter war ein Wimmern zu hören gewesen. Es mussten andere Dinge im Spiel sein. Das verschwiegene, von Weintrauben sich ernährende Paar und die Ruhestörer im Nebenzimmer wussten davon. Ebenso die hingebungsvolle Magd. Ihre Rückkehr aus dem Zimmer war begleitet von der Vorstellung, sie in das Geheimnis lückenlos eingeweiht zu wissen. Auch in das von Vater und Mutter geteilte.

Wenn ihr bekannt sein würde, was in diesem Zimmer vor sich ging, dann, so bildete sie sich ein, wüsste sie *alles. Alles*, was die Welt für immer und ewig zu bieten haben würde. Es würde die alles umfassende Weltformel sein.

Ihre Erinnerung zeigte ihr später nur noch eine bedruckte rechte Seite, Titel und Autor hatte sie vergessen. Was keine Rolle spielte. Die kurze Passage hatte sich von selbst weitergeschrieben, weit über das Buch und über das Paar und weit über dessen sexuelle Besessenheit hinaus. Die Worte hatten längst eine neue Umgebung gefunden, eine Höhlung, die sich nicht schließen würde.

Die Kinder lachen, sie teilen sich ein Stück Brot. Ein Mädchen schiebt sich ein Stück Kuchen in den Mund. So lässt es sich leben. Die Straßen sind gut ausgeleuchtet, sogar des Nachts sind die frisch angelegten Blumenrabatten zu sehen. Die Frauen sind damit beschäftigt, neue Beete abzustecken. Die Männer schwingen fröhlich ihre Schaufeln.

Versprochen hat man ihm gar nichts. Man hat nur etwas von ihm verlangt: eigentlich nicht mehr, als dass er seinem Beruf nachgeht. Ein Mann vom Film, der sich darauf versteht, Dinge ins rechte Licht zu setzen. Sie wollen nichts anderes von ihm als Anblicke und Eindrücke. Mach uns einen Ort aus einem Nicht-Ort. Stell dieses Theresienstadt hin vor die Augen der Welt. So haben sie ihm das Projekt nahegebracht. So haben sie auf ihn eingeredet. Schau her, du Welt, deutsche Juden leben bei uns wie in Baden-Baden. Wie aus dem Schächtelchen gestiegen. Eingebettet in Wald und Wiese, arbeitsfreudig in weitläufigen Werkhallen, am Zuschneidetisch mit Stoffen, Leder und Metallen beschäftigt. So viel Glück muss vor die Kamera gebracht werden von einem Könner. Er hat schon in Wilders *Menschen am Sonntag* in der Rolle eines Passanten mitgewirkt. Sein Name ist Kurt Gerron.

Zuerst muss er sich um überzeugungsstarke Figuren kümmern. Elendsgestalten, arme Hunde machen sich nicht

gut in einem Propagandafilm. Mäntel werden herbeige-
schafft, auf Schneiderpuppen abgesteckt, neu zusammengenäht. Hat er wirklich an Rettung geglaubt?

Eine Gruppe von Varietébesuchern geht plaudernd die
Treppe zum Theatereingang hoch. Selten hat man Va-
rietébesucher vorteilhafter ins Bild gesetzt. Sie werden
es tun, sie werden dich umbringen, denkt er. Er *kann*
an dieser Gewissheit nicht vorbeigesehen haben! Trotzdem liegt er nachts wach und lässt noch einmal den
Tag an sich vorüberziehen. Genauer gesagt: die Film-
szenen des Tages. Er denkt an seine Sorgfalt, die Umsicht, mit der er aus dem Nichts ein Eldorado entstehen lässt. Einen Platz für Kleinfamilien, für winkende
Kaffeehausbesucher, für Akademiker mit Krawatte. Er
blickt zurück auf all die Umdeutungen, die Schumme-
leien, die der Auftrag ihm abverlangt.

Buchhalterisch fast zieht er jede gelungene Einstellung
auf seine Seite herüber. Er implantiert sie in sein nur
wenige Tage noch währendes Leben, schreibt sie sich
gut und veranschlagt jeden Meter des abgedrehten Films
als Investition in die eigene Zukunft. Seine letzte An-
weisung gilt einer Frau, die eine Teetasse hält. Er hat
sie wirkungsvoll vor einer hell ausgeleuchteten Wand
platziert und lässt sie lächeln.

> *Kurt Gerron wurde nach Fertigstellung des Films*
> *»Der Führer schenkt den Juden eine Stadt« nach*
> *Auschwitz deportiert und am 28. Oktober 1944*
> *ermordet.*

Der Stillstand von Steinen hat etwas Ansteckendes an sich. Er kann auf menschliches Leben übergreifen und sich aufs Knochenwerk erstrecken; eine geradezu verheerende Wirkung ausüben. Es gibt keine Übungen, die diesen eingespielten Erstarrungen eine Wendung ins Gelenkige geben könnten. Keine Gymnastik der Welt.

In diesem Haus ist bereits die Kindheit seiner Bewohner Teil eines Mauerwerks gewesen. Von Anfang an lag ihr Leben in der Hand von Quadersteinen. Gezwungenermaßen ist der aufrechte Gang die einzig denkbare Art der Fortbewegung. Folge einer inwendigen Schadhaftigkeit. Dabei gelangt mit jedem Atemzug neues Schottergestein in die Lungen.

Insgesamt grenzt das Körperleben an ein medizinisches Debakel. Sie müssen erkennen, dass die menschliche Machart nicht hält. Darum räumen sie den Steinen eine Lebensdauer ein, von der sie selbst nur träumen können.

Schon lange haben sie sich nicht von der Stelle gerührt. Sie haben unerschlossene Gebiete gemieden, unbeholfenes, unansehnliches Leben sich vom Hals gehalten. Ihr Heimatgefühl konzentriert sich auf die kühle Sprache des Gemäuers. Auf seine Muster, Sprünge, Ritzen, Rillen und Fugen. Das Studium der Wände ist zu ihrer liebsten Freizeitbeschäftigung geworden.

Dabei mussten sie feststellen, dass auch das Gestein eine beunruhigende Verletzlichkeit kennt. Dass es in einer Krise steckt. Immer wieder kommt es vor, dass sie den Vortäuschungen seiner Haltbarkeit keinen Glauben schenken können. Dann erholen sie sich bei ihren Musikinstrumenten von ihren Befürchtungen.

Nur hin und wieder, selten, schärft ihnen das Fieber den Blick. Dann sieht es so aus, als würden die Steine sich über ihnen schließen wie eine Kaffeehaube. Flauschig, warm, ewiglich.

Sobald sich das Fieber aufgelöst hat, steht ihnen die Zukunft in Gestalt eines Steinschlags vor Augen. Und wie er über sie hereinbrechen wird mit der Präzision eines Sprengmeisters. Aber noch hält das Haus. Es bietet allerdings einen Anblick, der nicht unbedingt an Sommerfrische denken lässt. Gute Luft, angenehme Aufenthaltsräume sind in diesem Gemäuer nicht zu erwarten.

Nur diese kleinen grünen Kompottschüsselchen zum Nachtisch. Abends die Wannenbäder. Um Mitternacht Walzermusik.

Ein Hund würde sich mit gesträubtem Fell zurückziehen und diesem Gegenstück einer Oase den Rücken kehren. Nur die Menschen wollen partout nicht rechtzeitig davonkommen. Sie bahnen sich bereitwillig einen Weg durch das übernatürliche Revier. Es ist ihnen zur lieben täglichen Gewohnheit geworden, keine Welt außer dieser sich je mehr vorstellen zu können. Sie wollen sich aufbewahrt fühlen. In der weiten Wüste: ihrer Warteschleife.

Reparaturbedürftig wie sie sind, werden diese Leute sich nie wieder in Schuss bringen können. Die Krone der Schöpfung, sie ist zu einem schwierigen Fall geworden. Zu einer anstrengenden Krankheit. Durch unsachgemäße Behandlung jeden Tag und jede Nacht wie vor den Kopf gestoßen.

Die Gegend, die sie sich geschaffen haben, ist im Grunde der falsche Ort für ihr Weiterleben. Ihre baufällige Anwesenheit auf der Welt ist ihnen auf Schritt und Tritt im Weg. Ruin und Ruine. Das trifft hier zusammen und hat mit Störanfälligkeit ganz allgemein zu tun. Mit der Lückenhaftigkeit der Wände, mit dem Dämmerzustand der Menschen. Noch sind sie damit beschäftigt, ihre Schwachpunkte auszusortieren, ihre unvollkommene Verwirklichung zu beschönigen. Der Augenblick, da allein schon ein Luftzug sie auseinandernimmt, ist nicht weit. Sie wissen es. Dass ihr Verfallsdatum abgelaufen ist.

Wenigstens werden ihre Untergänge sehenswürdig sein. Ihr Dasein wird sich auftun wie eine Schusswunde. In diesem Moment wird das Haus für jedermann offen stehen. Weil es ein Bauwerk in der üblichen Form dann nicht mehr ist. Keine hochgeschlossene, wetterfeste Immobilie mehr. Es geht sowieso alles in Stücke. Warum also überhaupt diese nervenaufreibende Erschrockenheit?

Man kennt sie doch, die eigene unfertige Beschaffenheit. Dieses Bündel der Defekte, dem es gelungen ist, sich eine reißfeste Erscheinung zuzulegen.

Es kommt vor, dass baufällige Häuser durch die Geheimniskrämerei ihrer Bewohner zu Ballungszentren einer gestörten Weltsicht werden. Menschen biegen und winden sich; eigenartig verdreht in Form einer irrwitzigen Umsichtigkeit. Rund um die Uhr damit beschäftigt, irgendein im Grunde unzureichendes Wissen zum Zentrum ihres Lebens zu machen. Auf des Messers Schneide hin und her zu balancieren. Dabei passiert es ihnen, dass sie ohne jede Orientierung in ihren eigenen vier Wänden herumspazieren. Auf ihrem eigenen Grund und Boden finden sie sich nicht zurecht.

Sie haben sich aus den Augen verloren. Als wären sie sich selbst zur schlimmsten Anschauung geworden.

Man müsste ihre selbstverordnete Betretenheit, Verwirrtheit, Unerreichbarkeit auf irgendeine Weise aus ihnen herausoperieren. Ihr Sicherheitsabstand lässt sich kaum noch in Kilometerzahlen ausdrücken, ihr ununterbrochenes Abhandengekommensein. Auf diese Weise haben sie das Aussehen von Unbefugten angenommen.

Die Leute haben Angst vor diesem Haus. Angst vor seinen Bewohnern, deren berüchtigte Erschöpfungszustände dauerhaft für Gesprächsstoff sorgen.

Am liebsten würde man der unheimlichen Stätte mit Desinfektionsmitteln zu Leibe rücken. Um die seltsamen Bewohner, die da herumlaufen auf ferngesteuerten Füßen, abzuwaschen wie verschmutztes Geschirr.

Wegräumen, was noch an sie erinnern könnte. Ein somnambuler Frauenkörper, der unaufhaltsam durch die Korridore reist. Ein mitgenommener Hausbesitzer, der sich im Mauerwerk wie in den Fächern einer Tiefkühltruhe eingerichtet hat.

Als wäre dieses Bauwerk längst schon nicht mehr in Betrieb. Ein ungesundes Leben, kein empfehlenswertes Klima. Abendlicher Nebel, der, zu lange eingeatmet, auf den Lungen liegt.

Der Unterhaltungswert des Anwesens liegt bei unter minus null. Es bietet einen Anblick, als wäre es für den Zusammenbruch gerüstet. Wenigstens aber für den fluchtartigen Abtransport.

Unter den Überresten, unter den geborstenen, endlich freigegebenen Bruchstücken des Hauses wurde später ein Foto gefunden. Es zeigt ein Paar, Skulpturen, beim genaueren Hinschauen. Nicht gemacht für klare Verhältnisse. Die Augen blicken zu Boden, als wären sie beschlagnahmt worden. Oder als hätte ihnen jemand in alle Ewigkeit geschworen, in Abgründe zu schauen. Vielleicht nur die gute Arbeit eines Fotografen. Oder Bildhauers.

Von links schiebt sich der Kopf eines Hundes ins Bild. Das Paar blickt mitten in die aufgerissene Schnauze des Tieres. Als würde es auf eine Nachricht warten. Eine Mitteilung, die sich aus dem Kopf des Tieres Bahn brechen würde. Lange schon überfällig, würde sie aus dem Schlund einer fellbedeckten Fremdartigkeit hörbar werden. Reißzähnebestückt. Tier? Untier? Triebtier? Der Schlund, da sitzt ES fest. Da hat sich ein Stück Bodenlosigkeit verfangen. ES hat in einer Hundeschnauze überlebt. Als wär's für Menschenwesen nicht gemacht und deshalb Stück für Stück langfristig in ein Abseits abgeschoben worden. Wortlos gemacht. Sorgfältig ausrangiert, in eine Hundekehle eingezwängt. Ein Ort für Selbstgespräche, doch ohne dass man weiß, wer spricht.

Dann und wann wühlen sie in alten Beständen herum. Unter einen Tisch gebückt, in der Hocke oder mühselig auf Knien rutschend. Sie scharren in einem Behälter, in einem Gepäckstück, in einer Tasche vielleicht. In einem unaufgeräumten Versteck jedenfalls. Es kann sich nur um etwas lange Vernachlässigtes handeln. Um eine Verschlusssache, so viel steht fest. Um Dinge, die man vorsätzlich beiseitegeschafft hat.

Es geht um alte Rechnungen, um etwas lange Verjährtes jedenfalls. Möglicherweise um etwas immer noch Lebendiges, das hinter verschlossenen Türen, *intra muros*, Lageberichte verfasst.

Ich wusste nicht, wohin mit meiner Traurigkeit. Wohin mit dem Gefühl des *Nie wieder*. Mit leichter Kost gab es sich nicht zufrieden. Nicht mit Tränen. Es hatte sich eine dunkle, unzugängliche Ecke in der Herzgegend gebildet. Etwas Kurzgehaltenes. Stillgelegtes und Unberührbares. Es dauerte eine Weile, bis ich, schutzsuchend, auf die skurrile Idee mit dem Kuraufenthalt kam.

Jemand hatte vom slowakischen Bad Piešťany erzählt. Woher kannte ich diesen Ortsnamen mit dem auffallenden Zischlaut; Pieschtani? Es erinnerte an das Wort »pischen«, ein Kinderwort für Pipi machen. Aus dem Mund des Vaters, damals, hatte es sensationell geklungen. Verboten und unvergesslich. In welchem Zusammenhang das Wort Piešťany damals aufgetaucht war, verrieten mir die Unterlagen aus dem Reisebüro. Der Sänger Richard Tauber hatte dort gekurt. Also entstammte der sonderbare Ortsname dem üppigen Depot der väterlichen Tauber-Geschichten. Mit ihnen verband sich der Gedanke an die unterhaltsame Redseligkeit des Vaters. Ihre Nähe zu Pioniergeist und Pointe. Noch ein Grund, sich für Piešťany zu entscheiden. Für den entlegenen Ort an der Waag, einem Fluss, der von der Hohen Tatra bis hin zur Donau verläuft.

Die zeitlich ausgetüftelten Kurbehandlungen hatten etwas Vertrauenswürdiges. Sie machten etwas aus dem

Tag. Er hatte eine Stimme, die mir gut zuredete. Niemand versteht deine Sprache, niemand will hier etwas von dir, sagte die Stimme. Du kennst das Wort *dobrý*, es heißt »gut«, das reicht. Du wirst dich eingraben in die Schlammpackungen, wirst versinken im Sprudelbad. Du wirst untertauchen, dich aus den Augen verlieren. Du wirst den Flusslauf entlangradeln, in den nahe liegenden Kaffeehäusern Halt machen. Schlüssig wird sich eine Situation aus der anderen ergeben. Du wirst alles nur Erdenkliche tun, um mucksmäuschenstill deinen Beschäftigungen nachzugehen. Für dich selber verwischt, unscharf bleibend, dann wirst du es auch für andere sein. Tatsächlich war ich in Begleitumständen gelandet, in denen ich in das rettende Gefühl hineinwuchs, etwas selber Unmerkliches angenommen zu haben. So, als hätte ich nicht Logis in einem Hotel bezogen, sondern in einer Art von mitlaufendem, mir unentwegt zur Verfügung stehendem Versteck. »Dobrý«, sagte ich zu mir am Ende eines von Moor, Schlamm und Algenbädern bestimmten Tages. Spät machte ich noch ein paar Schritte in dem hell ausgeleuchteten Park, dann kam die Nacht und mit ihr der Tiefschlaf.

Unverhofft aber zog in das sorgfältig justierte Gewebe ein Schwachpunkt ein. Es kam eine unvorhersehbare Variante ins Spiel, eine Richtungsänderung. Auf einmal sah ich mich ohne eigenes Zutun ins Blickfeld gerückt. Es war mir aufgefallen, dass viele der Hotelgäste sich untereinander zu kennen schienen. Der Ton war umgänglich, fast familiär. Mich hatte man an einem Tisch mit drei alleinstehenden Damen platziert. Eine von ihnen meinte, mir die Situation erklären zu müssen. Das Hotel genieße nicht nur in Israel, sondern weltweit den Ruf einer Pilgerstätte. Der frühere Besitzer, Gründer des Heilbades, Erbauer des Hotels und Förderer des Ortes, Ľudovít Winter, sei 1944 der Wehrmacht in die Hände gefallen. Aus Versehen, »by mistake«, sagte die Tischnachbarin, habe er Theresienstadt überlebt. In diesem Hotel seien aus Deutschland angereiste Gäste eigentlich niemals anzutreffen. Für sie habe man hier einen untrüglichen Blick. »An unerring eye«, das waren ihre Worte.

Ich musste auf der Hut sein, durfte mich nicht in die dramatischste aller denkbaren Sichtweisen hineinsteigern. Etwa in die Vorstellung, mich als einen aufsehenerregenden, »identifizierten« Fremdkörper zu betrachten. Es gab so einige Möglichkeiten, der seltsamen Situation etwas Katastrophisches abzugewinnen. Auf irgendeine Weise kam es dann aber anders. Es mochte an der allgemeinen Vergnügtheit liegen, die hier schon früh am Morgen im Speisesaal zu erleben war. Während ich immer wieder an das Wort von den »unerring eyes« dachte, an diesen offensichtlich ausnahmslos funktionierenden Blick auf »das Deutsche« an mir, machte sich eine kleine Heiterkeit eigenmächtig in mir breit. Ich hatte mir gewünscht, ein Bild abzugeben, das mich wie ein Behältnis, eine Haube umfasst und nichts von mir sehen lässt. Hatte im Schutz der eigenen Verhuschtheit meinen Platz finden wollen. Und war dann zu einem für alle unverkennbaren Ausnahmefall geworden. An diesem Tag war ich heiter, ich hatte den Eindruck, an eine Eigenschaft des Lebens wieder anzuknüpfen: ein verdammt einfallsreiches, produktives Opus zu sein.

DIE RUHELOSEN WÖRTER

Das ist unser Pakt. Die Wörter erlauben mir, bis auf Sichtweite ans Leben heranzukommen. Dafür lasse ich mir etwas für sie einfallen. Ihren Drang, aus Warteräumen hervorgezogen zu werden, nutze ich aus.
Sie sind die Zeugen ungereimter Verhältnisse, haben »mitgeschrieben«, nach eigenen Lösungen gesucht. Darum sind sie so ruhelos. Sie wollen an sich reißen, was sie kriegen können. Aus den letzten Winkeln kehren sie sich ihr Zeug zusammen. Es käme einer Täuschung gleich, ihnen etwas vorzuenthalten.

Der Bücherschrank ist tabu, so hatte man es der Schülerin eingeschärft. Durch das geschliffene Glas waren die farbigen Bücherrücken genau zu sehen. An diesem Nachmittag war's so weit. Ich drehte den Schlüssel um. Jetzt erst kam das Gefühl auf, einer allwissenden Schatzkammer gegenüberzustehen: jetzt, da der Schrank sich öffnete, beinahe eilfertig, überhastet, und die Glastüren mir geradezu entgegenstürzten. Ich bildete es mir doch nicht etwa nur ein. Dass urplötzlich ein höllisches Gekreische zu hören war. Eigentlich hätte der Schrank explodieren müssen. So laut und dicht und dringlich war das Hin und Her der Laute, das Getöse, das Stimmengewirr der Wörter. In dem vollbesetzten Spind war die Hölle los. Lauter laute Wirklichkeiten. Alle auf einmal, auf engstem Raum aneinandergelehnt. Aber auch aneinandergeraten. Krakeel und Kollision.

Dann aber brauchte man nur eines der Bücher, irgendeins der vielen, aus dem Schrank zu nehmen. Schon hatte man das Gefühl, den Menschen in der Buchstabenform nähergekommen zu sein: Man erfasste, wie allein, wie gottverlassen sie mit ihren Geschichten waren. Denkbar, dass sie in diesem Zustand nicht einmal wussten, dass es sie selber gab. Ihr Aufenthalt spielte sich in Wartesälen ab. In einer Welt, die auf dem Sprung war. Sie hielten durch, blieben unter sich: konkav nach innen gewölbte Geschöpfe gewissermaßen. Untergetauchte. Von ihrer eigenen Anwesenheit Ferngehaltene. Ihre Selbstbeherrschung hatte etwas Königliches an sich. Man hätte gerne mehr über sie gewusst. Und erfahren, wie ihnen so zumute war, dort, in ihrem Schriftzeichen-Zuhause. Was es für sie bedeutete, das Aufwachen. Das Zu-sich-Kommen, wenn ihr Buchstabenschlaf beendet war und sie nach draußen auf die Daseinsbühne traten.

Kein Zweifel, dass sie darauf warteten, abgeholt, mitgenommen zu werden. Sie hatten sich lange genug in Geduld geübt. Hatten gelauert auf den Moment, in dem sie von uns entdeckt, ausgegraben werden: von jenen Wesen, ihren Lesern, die Atem und Augen mitbrachten und Hände zum Umblättern der Seiten. Eine folgenreiche Begegnung, es kam die Gleichartigkeit der Metabolismen ans Licht. Die durch die Zeilen eilenden Figuren nahmen eine unaussprechliche Sichtbarkeit an. Ihre Schicksale zeichneten sich durch eine Nachdrücklichkeit aus, die sich in unserem Leben sonst nicht so schnell ereignet.

André Hellers Lied lockte, appellierte. »Sei Poet«, sang er. Wie einfältig musste man sein, dachte ich, ein so unübersichtliches Gebilde wie einen Poeten in Form einer Order auf die Beine zu stellen. Pathetisch die sich anschließende Aufforderung, ein »Gärtner der Träume« oder ein »Kalif von Bagdad« zu sein. Dafür beeindruckte die Musikalität der Stimme, ihr träges Abtasten melancholischer Gemütslagen. Wörter wie »innerer Erdteil« funktionierten in dieser Umgebung. Auch gab es ein paar jähe, abschüssige Akzente in den Texten, sie wiesen auf den Wiener Kaffeehausliteraten Peter Altenberg hin. Träumer und Kalifen zählten allerdings nicht zu dessen Göttern. Eher der Trommler Belin, der im Kabarett Ronacher auftrat. Oder jener Bettler, der den Gästen vorm Hotel Imperial, wenn sie in ihren Taschen nach dem Feuerzeug suchten, ein brennendes Streichholz nobel entgegenhielt. Für einen kurzen Augenblick war er dann kein Bettler mehr, sondern ein vornehmer Herr, der weiß, was sich gehört.

Als Heller in Frankfurt gastierte, war ich dabei. Er gab sich als Solitär, als ein außerirdisches Kuriosum; das muss man können, er hatte einen »Ton«. Während seines Auftritts fielen mir lauter Wörter ein, die mit B beginnen. Beute, Bouquet, Botschaft und Bann. In der *Frankfurter Rundschau* erschien kurz darauf ein wutschnaubender Verriss des Abends. Möglich, dass dem Kind aus protestantischem Elternhaus das musikkritische Gemetzel unfair, ungerecht vorkam. Man konnte das nicht unwidersprochen hinnehmen. Ich setzte mich an die Schreibmaschine und verfertigte ein ruppiges Contra. Kommentierungen veröffentlichter Artikel seien nicht Usus dieser Zeitung, erfuhr ich von Hans-Klaus Jungheinrich, dem Musikkritiker des Hauses. Das Manuskript schien ihm dennoch zu gefallen. Ich sollte wiederkommen, sobald ich auf ein verlockendes Thema stoßen würde. Eine Redewendung, Beteuerung, geschäftige Verabschiedung? Ich merkte mir seine Worte.

Bald darauf hatte meine Einbildung aus der freundlichen Bemerkung des Redakteurs eine Art Auftragserteilung gebastelt. Man konnte, durfte doch unmöglich so unbedacht, so leichtfertig gewesen sein, sagte ich mir, einem jungen Menschen das Blaue vom Himmel herunter zu versprechen. Und es dann, bitte schön, nicht gewesen sein wollen. Das aktualisierte, aufgemöbelte Bild des Musikredakteurs sah *so* aus: In ungeduldiger Erwartung a) sah er meinem Anruf entgegen, b) überprüfte er allmorgendlich den Posteingang in der Hoffnung, auf meinen Absendernamen zu stoßen, c) griff er nach dem Telefonhörer, wählte meine Nummer und traktierte mich mit ungeduldigen Fragen nach dem Verbleib des erwarteten Skripts.

Während eines Besuchs bei meinen Eltern entdeckte ich in einem Antiquariat in der Berliner Motzstraße Hefte eines Frauenmagazins von 1925. Mich erinnerten sie an jene Fototapete galagesteuerter Weiblichkeit, die sich an den Wänden zuhause breitmachte; stattliche

Bestandsstücke aus dem väterlichen Berufsleben. Ein Anknüpfungspunkt vermutlich für meine Idee, darüber zu schreiben. Auf familiär Vertrautes zuzugreifen, um es dann auf anderer Ebene frostig zu verabschieden. Man konnte erkennen, wie sich die Propaganda für den Werdegang der »Neuen Frau« in allen Sparten zum Ausdruck brachte, in den Werbeannoncen und Gedichten, den Modeberichten und Reportagen der Hefte: Anschaulich bejubelt ein Artikel ihren Aufstieg mit dem Einstieg in einen formgebenden Gummianzug, der sich »Hautana« nennt. Eine Zeichnung widmet sich einer rauchenden Pagenkopfschönheit: »… herein tritt eine Frau, sie spricht fließend französisch.« Eine Nachtcreme nennt sich »Gesichts-Emaille«. Weitere unverzichtbare Bestandteile der erfolgreichen Aufstiegsausrüstung werden mit den Worten »moderner Gesichtsausdruck« und »flotte Phantasie« angegeben.

Dem Beitrag, der im Feuilleton der *Frankfurter Rundschau* erschien, war ein Foto beigegeben. Eine verträumte Zwanzigerjahrefrau war zu sehen. Entspannt lehnt sie in einem Fensterrahmen, ihr Blick schweift über eine Landschaft mit Palme. Der Titel des Essays wies auf eine andere Spur, auf die straffe Programmatik des beruflichen Werdegangs der Frauen. *Verordnete Träume, Bubikopf und sachliches Leben.* Der Seite sah man die Vielzahl meiner Notate und Stichwörter nicht an. Nicht die Jagd nach Belegstellen, Anhaltspunkten und Motiven; nach Zitaten von Tucholsky, Brecht und Fleißer. Erleichterung darüber, dass hier etwas entstanden war, meine erste Veröffentlichung, stellte sich dennoch nicht ein. Eher der Gedanke, ich hätte eine Unruhe, eine Turbulenz ins Leben gerufen. Er war irritierend und schön. Welche Art von Handwerk hatte die Wörter an Land geholt? Welcher Blick sie gesteuert, beide zusammengebracht? Sie mussten von verschiedenen Punkten aus gleichzeitig geblickt, von sich aus eine Richtung eingeschlagen, eine Spur aufgenommen haben. Es könnte ihnen das ganze Vorhaben streckenweise wie von selbst in die Hände gefallen sein.

Auch das Schicksal der Tiere war ungewiss. Der Vater konnte sie an der Wohnzimmerwand im hellen Lichtstrahl der Lampe sichtbar machen. Eine schnatternde Ente, einen sprechenden Papageien, einen bellenden Hund. Er hatte sie sich buchstäblich »aus den Fingern gesogen«. Handbewegungen brachten wie auf Zuruf die Tiere ins Haus. Kreuz und quer promenierten sie über die Wand. Sie öffneten ihre Schnäbel, um zu gackern oder sonst welche Laute auszustoßen. Ohne die Beleuchtung der Lampe versanken sie in der Dunkelheit. Ob sie dort übernachteten?, fragte ich mich. Oder waren sie in irgendeiner Ecke des Gartens untergekommen? Man hatte sie viel zu schnell wieder aus den Augen verloren. Irgendwo aber mussten sie doch geblieben sein.

Ich konnte sehen, wie die Finger, die eben noch einen Hund mit gespitzten Ohren heraufbeschworen hatten, im nächsten Moment über die Klaviertasten flatterten. Es war mühsam, ein Kind zu sein. Man hatte damit zu tun, in den Unerklärlichkeiten der Erwachsenen nicht hängenzubleiben. Da gab es, um ein Beispiel zu nennen, im Schlafzimmer der Eltern diesen »Stummen Diener«. Spätabends wurde seinem hölzernen Gestänge alles das übergeben, was den Vater ausmachte. Dort abgelegt oder aufgehängt sein ganzes unverwechselbares Drum und Dran. Anzug und Krawatte, Oberhemd und Schuhwerk. Der Vater schien merkwürdig eckig und flachbrüstig in eine Erfindung zwischen Vogelscheuche und Möbelstück übergegangen zu sein.

Erst, wenn er am Klavier saß, war er wieder erkennbar für mich. Und niemals deutlicher zu sehen, als wenn er das »Mond«-Lied spielte. »Ich bin der kühle Mond, der in den Wolken wohnt«, sang er. Dabei ließ er ihn samtweich und sachte aufgehen wie einen zweiten Mond. Unseren Mond, der nur darauf gewartet hatte, abgerufen und ins Licht gesetzt zu werden.

Nun also ist es in der Welt, alles das hier. Die erfundenen Tiere, der »Stumme Diener« und das »Mond«-Lied. Man muss die Nähe der eigenen Dinge unerträglich finden, um sie sehenden Auges den Wörtern zu überlassen. Um sie ihnen zur »Überschreibung« auszuhändigen. Ich habe sie so weit von mir entfernt, dass ich zu ihrer Leserin geworden bin. Habe sie freigeschaltet für einen neuen Code: sie den ruhelosen Wörtern überlassen, der Bauweise eines neuen, anderen Stoffes. Ich stehe ihnen, »den eigenen Dingen«, gern gegenüber. Niemals waren sie mir so autark erschienen, niemals so mündig geworden wie jetzt. Niemals zuvor waren sie so ungeniert ganz sie selbst.

Das Elend mit den Buchstaben

Schon kurz nach meiner Einschulung musste mir die Mutter Nachhilfeunterricht geben. Die Lehrerin sprach von einer beträchtlichen Lese- und Schreibschwäche. Ihre Tochter erkennt die Buchstaben nicht, hatte die Lehrerin gesagt. Die Mutter sah besorgt aus, es wurden regelmäßige abendliche Exerzitien angeordnet. Begonnen wurde mit einer Hundegeschichte. Lustlos, mit einem Quäntchen von Verbitterung arbeitete ich mich von Buchstabe zu Buchstabe vor. »Der Hund heißt Leo.«

In diesem Augenblick tauchte der Gedanke auf, dass mein Leben sich künftig anstrengend anfühlen würde. Es hatte auf einmal einen Pferdefuß mitzuschleppen. Aus der Welt, die mir abwechslungsreich, farbig und verlockend halbfertig gegenüberstand, war eine unkenntliche und abstoßende Angelegenheit geworden. Wenn es wenigstens noch kleine Zeichnungen gewesen wären, winzige Hinweise auf das Gemeinte. Die Mutter sprach von einer Menschheitserfindung, ich starrte unglücklich und verbockt auf das unvorhersehbare Auf und Ab der Linien. Mal waren es zackige Striche, mal rundlich gebogene Drehungen und Wendungen. Das also hatte die Menschheit gebraucht: eine Welt, die sich durch ein Nadelöhr zwängt. Und dann auch noch so tut, als hätte sie diese Prozedur unangetastet überstanden. Nichts konnte doch darüber hinwegtäuschen, dass aus dem Hund ein Buchstabenbündel geworden war: ein H-u-n-d, ein grausam verhunztes Mängelwesen. Die Mutter wollte den Satz noch einmal hören. Mein Leseversuch brachte die gleichen Fehler und Versprecher zu Gehör wie beim ersten Mal. Durchlief die gleiche Fassungslosigkeit und Beklemmung. Wie konnte sich vor meinen Augen ein Hund in etwas derart Kleingebackenes und Festgefahrenes verwandeln? Warum führte man mir den Hund Leo als Ergebnis einer Zerrüttung vor Augen?

Jetzt würde es sich rächen, dass ich ein Kind ohne Vorübung sei, sagte die Mutter. Dass man mich stapelweise mit den Bildbänden über Schauspieler und Opernsänger versorgt habe. Infolgedessen sei es zu einer verhängnisvollen Vorliebe für Opernkostüme und Schauspielergesichter gekommen. Die Mutter tröstete mich und meinte, dass sich dies alles auch in den Buchstaben zum Ausdruck bringen ließe. Anders zwar, aber ebenso gut erkennbar. Auf seine Weise. Dafür seien die Buchstaben da. »Manchmal ist Leo müde. Dann legt er sich auf den roten Teppich«, las ich stockend. Es muss ewig gedauert haben. In der früheren, der richtigen Wirklichkeit hätte ich mich vor Lachen ausgeschüttet über den Hund Leo. Ich hätte mich neben ihn auf den roten Teppich gelegt. Das ging nun aber nicht mehr. Weil der Hund in den Zeichen festhing. Weil ich ihn mit dem Zeigefinger inmitten der schwarzen Buchstaben ausfindig zu machen hatte.

Die Mutter, nun ernsthaft beunruhigt, aber auch phantasievoll, legte mir ein Buch auf den Tisch, es hieß *An-*

dersens Märchen. Voll von den schönsten Abbildungen. Endlich wieder Leben, erkennbares Leben. Da stand zum Beispiel auf dem Dach eines Palastes eine Frau, in gleißendes Gold und Rot gekleidet, an eine Balustrade gelehnt. Kläglich, Silbe für Silbe drang ich zu den Hintergründen vor. Sie hielt Ausschau nach einem Kaufmannssohn, ihrem in einem »fliegenden Koffer« reisenden Verlobten. Der aber hatte in einem weit entfernten Land aus Freude über die bevorstehende Hochzeit sein ungewöhnliches Fortbewegungsmittel versehentlich abgefackelt, sich damit also die Rückkehr abgeschnitten. An diesem Tag sollte ihre Hochzeit sein. Deshalb trug die Frau ihren Schleier, ihren Schmuck. Und aus diesem Grund blickte sie auch in die Ferne. Einen ganzen Tag lang habe sie schon gewartet, teilten mir die Buchstaben mit. So, wie sie dort stand, mit Blütenkranz und Perlenkette, sah man es ihr nicht an, wie unerschütterlich ihr Warten war. Und wie dringlich ihr Wunsch, einen fliegenden Koffer auf sich zukommen zu sehen.

In diesem Moment gaben die Buchstaben erste Lebenszeichen von sich. Mit ihrer Hilfe erfuhr ich von der Wartezeit der geschmückten Braut. Von ihrer Unruhe, ihrer wachsenden Verzweiflung. Allein mithilfe der Wörter wurde man *ins Bild gesetzt.* Sie statteten die Frau mit einer unendlichen Geschichte aus. »Und sie wartet noch«, mit diesen Worten beendet Andersen sein Märchen. Ich fühlte den kurzen Satz wie eine Wunde, fühlte, wie er bei mir Einzug hielt. Sesshaft wurde. Ein Satz, der bis in die Puppen ging, bis in die Ewigkeit. Er konnte es locker mit den Opernsängeralben aufnehmen.

Die Wollmaus

Letzter Tag meines Aufenthalts im slowakischen Piešťany, den Nachmittag verbrachte ich im Garten eines Kaffeehauses. Alles Notwendige hatte ich dabei, Stift und Schreibblock. Und Tolstajas Roman *Lied ohne Worte*. Alexandra Alexejewna, genannt Sascha, lauscht seit Tagen, seit Wochen dem Klavierspiel des bei geöffneten Fenstern musizierenden Nachbarn. Eine Frau, kurz davor, aus unglücklicher Liebe vor die Hunde zu gehen. Vor meiner Rückreise musste diese Besprechung noch fertig werden, zwei kurze Einschübe noch geschrieben werden. Ein Kommentar zu Schnitzlers Erzählung *Frau Bertha Garlan*, in der sich Vergleichbares abspielt, in diesem Fall mit einem Violinvirtuosen. Und die Äußerung Sofja Tolstajas, die den vergötterten, aber bedauerlicherweise auch unzugänglichen Klavierspieler als »Mehlsack voller Musik« bezeichnet hat. Was für die Souveränität der Autorin spricht: Ihr Stoff ist autobiographisch. Sie selbst ist die lauschende, die vor Sehnsucht fiebernde Zuhörerin.

In diesem Moment war jemand an meinen Tisch getreten. Konnte sein, dass es eine junge Frau war. Wortlos hatte sie in der Nähe des aufgeklappten Buches einen unkenntlichen Gegenstand abgelegt, ein ins Grünliche gehendes, gehäkeltes oder gestricktes Etwas. Es sah aus wie ein aus Garnen und Fäden zusammengesetztes kleines Tier; wie eine Wollmaus. Ein Schlüsselanhänger möglicherweise. Oder Taschentuchbehälter. Etwas in dieser Art. Wie geschaffen dafür, im Hintergrund zu verbleiben. Nicht in Berührung zu kommen mit meinem Versuch, das dramatische Verlöschen der im Liebeswahn endenden Protagonistin zu beschreiben. Ich hatte das Ding fast schon wieder vergessen, als eine Hand nach ihm griff.

Mein Blick erfasste die junge Frau auf Taillenhöhe. Zerstreut schaffte er es nicht weiter nach oben bis zu ihrem Gesicht. Mit der Linken schob ich ihr die Wollmaus, die grünliche, gestrickte, unerwünschte, entgegen. Bis an die Kante des Tisches beförderte ich sie, langsam, unmissverständlich. Ich war beschäftigt, sah man das nicht? Die Hand der Frau machte einen abgesonderten, unwirklichen Eindruck, erschien mir wie aus der Luft gegriffen. Sie fasste nach dem groben Knäuel. Den Hinweis auf Schnitzler sollte ich fallenlassen, dachte ich. Plötzlich erschien er mir nicht mehr so wichtig zu sein. Es brachen plötzlich auch alle Fäden zu Tolstajas unglücklicher Hauptfigur ab. Gekappt wie von einer eigens dafür erfundenen Apparatur.

Noch überblickte ich nicht, was passiert war. Undeutlich machte sich das Gefühl in mir breit, der Kaffeehausbesuch wäre missglückt, danebengegangen irgendwie. Später fiel mir das Wort ein, zu dem ich in diesem Augenblick nicht fähig war. Es hieß »Damoklesschwert«. Die kurze Episode mit der Wollmaus war jetzt wie im Film als Szene zu sehen. Sie schob alles zur Seite, was den Besuch des nachmittäglichen Gastgartens ausgemacht hatte. Zwar waren mir ohnehin die steinalten, bis in die k.u.k. Zeiten zurückreichenden Linden nur am Rande aufgefallen. Ebenso auch das »Wiener« Flair der Speisekarte, in der sich unter der Rubrik *špecialita* die Bezeichnung »Zwetschgenkuchen« befand. Im Vordergrund sehe ich mich über den Schreibblock gebeugt, im Hin und Her der Manuskriptfassungen. Auf seiner linken Seite die stichwortartigen Annäherungen, die Entwürfe, Einfälle, auf der rechten der fertige Text. Ihm fehlte nun nur noch die dramatische Verabschiedung der unglücklichen Protagonistin, ihre Einweisung in eine Nervenheilanstalt. Und vielleicht eine Überlegung zu dem Umstand, dass Leo Tolstoj, der Mann der Autorin, zehn Jahre zuvor in der *Kreutzersonate* auch schon die Musik mit Liebe und Untergang in Verbindung gebracht hatte.

Ich hielt noch bewegungslos den Stift in der Hand, als mir auf einmal die abgründige Äußerung eines Freundes einfiel. »Am Jüngsten Tag«, hatte er zu mir gesagt, »wird man uns messen an unseren guten und unseren bösen Taten.« Aber, so fügte er hinzu, es würden Dinge sein, die uns bedeutungslos vorgekommen wären. Beiläufige Dinge. Unauffällig mitlaufende Ereignisse. Zum Beispiel, so dachte ich in diesem Moment, die armselige Wollanfertigung am Rande des Gartentisches. Das zurückhaltende Auftreten der Slowakin, die Stille, die den Vorgang begleitet hatte. Die Art und Weise meiner Zurückweisung. Ohne den Kopf zu heben, ohne die Frau anzuschauen.

Schon da war Scham mit im Spiel gewesen. Nicht nur, weil ich von der hohen Arbeitslosenzahl, hier, im ländlichen Norden des Landes, wusste. Ich hatte mich aufgeführt wie die Zeremonienmeisterin einer für die Menschheit überaus bedeutungsvollen Gepflogenheit: als Hüterin einer Sonderzone, deren Zutritt für Fernstehende nur unter besonderen Bedingungen erlaubt ist. Ich sehe mich also über meinen Schreibblock gebeugt. Die Hand hält den Stift, sie blättert im Buch. Während ich lese, tastet sie nach der Kaffeetasse, nach dem Kuchenteller. Das Bild zeigt mich als ein hochmerkwürdiges Einsprengsel in einem Paradies voller Linden. Als ein androidennahes Gewächs in einem Kaffeehausgarten.

Auf dem Weg ins Haus knirschte der steinige Kies unter den Schuhen. Ich zahlte eilig, mich überraschte die Wucht, mit der sich die Empfindung baren Unglücks in mir festgesetzt hatte. Kurz tauchte der Gedanke auf, eine Szene wie diese im Kino als larmoyant, künstlich und rührselig abzutun. Stattdessen befiel mich ein Gefühl für das Unglück der Beschaffenheit der Welt. Für die Unschärfe unserer Wahrnehmung, das Drama unserer Verkennungen.

Ich klapperte die nahe liegenden Gassen ab, lief orientierungslos der Frau und ihrem Angebot, der Wollmaus, hinterher. Eine Situation, die mich nun ohne den abgewandten Kopf, ohne die beiseiteschiebende Hand zeigte. Bezwungen von dem Gedanken, Wirklichkeit rückgängig machen zu wollen, wenigstens sie zurechtzurücken. Eine Schuld zu begleichen, ja, auch mit Geld, das hier gebraucht wurde. Kurz vor meiner Abreise am nächsten Tag verständigte ich mich mit dem Angestellten des Kaffeehauses. Ein Wiener, und er wusste, wer gemeint war, »die junge Roma«, sagte er. Ich hielt ihm einen Briefumschlag hin. Ob der Bote ihn weitergegeben hat? Winzig war mein Spielraum geworden. Nicht einmal das wusste ich: ob mein Geschenk dort angekommen war, wo es hingehört hätte.

Ende der Devotion

Ich stehe schon mein ganzes Leben staunend vor der
Vermutung, ausgerechnet meine Abiturprüfung könnte
mir den Weg zum Schreiben geebnet haben. Die Wei-
chen dafür stellte meine Deutschlehrerin Frau Dr. H., sie
mochte mich nicht. Ich konnte es ihr nicht verdenken.
In mir hatte sie eine eigensinnige, vorlaute Leseratte,
deren Mundwerk sie nervös machen musste. Zusätzlich irritierend, dass die bemerkenswerte Belesenheit
einer Schülerin eigen war, die in einer ganzen Reihe
von Lernfächern versagt, sich erstaunlich begriffsstut-
zig und unerwartet schwerfällig erwiesen hatte. Eine
Schülerin, die oft die einfachsten Dinge nicht verstand
und deshalb berechtigterweise die Unterprima hatte
zweimal durchlaufen müssen.

Als Klassenlehrerin hätte sie es verständlicherweise
lieber mit Verhältnissen zu tun gehabt, die sich nach-
vollziehbar gestalteten. Mit weniger ungreifbaren als
denen, die ich ihr zu bieten hatte. Ohne es darauf an-
zulegen, war ich zu einem *automatischen* Störfeld geworden. Wir standen uns gegenseitig im Weg. Und gerade von dieser Lehrkraft ausgehend, öffnete sich ein
Zukunftsraum. Unabsichtlich manövrierte sie mich in
eine Realität, die sich szenenreich mit ganz eigenen
Schauplätzen vor mir auftat.

Das Ereignis fand während der Abiturprüfung statt.
Die Beurteilung der schriftlichen Arbeit, die der Figur

des »Pilgers« in der deutschen Lyrik galt, enthielt den lobenden Hinweis, die Verfasserin habe dieses Mal von ihrer übertriebenen Vorliebe für Fremdwörter Abstand genommen. Bei der mündlichen Prüfung, die mir Frau Dr. H. zugedacht hatte, sollte ich vier Prosazitate Goethes vier vorgegebenen Entstehungsdaten zuordnen.

Es kam mir sinnvoll vor, die Zitate in den Zusammenhang einer *Lebensreise* zu stellen. Vom jungen Menschen ausgehend, dem noch der Himmel offenzustehen scheint, bis hinein ins Alter und dessen gefühlter Todesnähe. Dieser Logik folgend, ergaben sich diese und jene Bezüge, probehalber jonglierte ich mit verschiedenen Lösungsversuchen herum, endlich war ich bei der mir am schlüssigsten erscheinenden Variante gelandet. Die Prüfung fand im Beisein des Lehrerkollegiums statt, der Schuldirektor war anwesend, mitten im Raum standen ein Tisch, ein Stuhl, dort saß ich ihnen gegenüber, trug meine Überlegungen vor, wurde verabschiedet, das war's.

Nach kurzer Zeit rief man mich an den Prüfungstisch zurück. Das Kollegium sei sich in der Beurteilung meiner Ausführungen nicht einig geworden. Es hätte tatsächlich nicht einen einzigen Treffer unter meinen Antworten gegeben. Die angestellten Erwägungen, das Ringen um die richtigen Zusammenhänge hätten dennoch Anerkennung gefunden. Die Prüfung würde fortgesetzt. Also gut, noch einmal Frau Dr. H., noch einmal ein Ausloten meiner Schwachpunkte! Welche Motive hätten einen Schuhmacher bewogen, als »Hauptmann von Köpenick« das dortige Rathaus zu besetzen? Einfache Frage, dachte ich. Er habe mit seiner Tat die Ungerechtigkeiten, die Skrupellosigkeit und die Obrigkeitsvergötzung des Kaiserreichs aufdecken wollen. Nein, nein! Er wollte nichts anderes als ein warmes Bett, rief die unnachgiebige Lehrerin mir entgegen. Ein Bett und eine Mahlzeit. Nur das habe der arme Schuhmacher für sich herausschlagen wollen!

Frau Dr. H. besaß in diesem Moment die besseren Karten. Sie war näher dran am Schicksal des Schuhmachers, ich hatte über seinen Kopf hinweggeredet. Ich hätte an seinen berechtigten Anspruch auf pures Überleben denken müssen. Nicht an die Absetzung des Kaisers. Die Unruhe der Anwesenden fiel mir auf, ich glaubte in diesem Moment, sie hätten genug von mir. Unerwartet war die Stimme des Schuldirektors zu hören. Wenige Worte, aber sie kriegten es hin, der Situation etwas Ungezwungenes, Legeres zu geben. Meine Überlegungen zum Köpenicker »Hauptmann« seien dennoch nicht verkehrt gewesen, sagte er. Sie hätten einfach das entfernter liegende Allgemeine des Problems benannt. Ein Rettungsanker wurde sichtbar, mitten hineingeworfen in die abgewirtschaftete Situation. Und gleich darauf noch einer: die Frage, mit welcher Lektüre ich zuletzt beschäftigt gewesen sei. Sie wies nicht auf meine Grenzen, sondern meine Möglichkeiten hin. Sollte ich tatsächlich von Maurice Maeterlinck, von Ibsens Theaterstücken, von Thomas Manns *Doktor Faustus* sprechen? Es würde aufgemotzt wirken. Obwohl es stimmte.

Schon hörte ich mich die drei Autorennamen sagen; probehalber, ihnen hinterherhorchend. Ihrem Klang. Locker, selbstverständlich kam er mir vor. Das Kollegium zog mit, erschien mir ansprechbar, zugänglich. Dann aber ließ ich den Hinweis folgen, ich hätte die Bücher zuhause in der Bibliothek der Eltern gefunden. Es klang, als hätte sie, nicht ich, die Entscheidung über meine Lektüre getroffen. Meine Worte machten die Bücher klein. Machten Randerscheinungen aus ihnen, Kleinkram, ein Kinderspiel. Unverkennbar konnte man ihnen ihre Verletzlichkeit anhören, die Devotion. In diesem Moment verabschiedete ich mich davon. Tag meines Abiturs. »Abire«, das heißt »davongehen«.

Kurz nach unserem Gespräch erinnerte ich mich nur noch an wenige Details. Es ging um die von Thomas Mann im *Doktor Faustus* behauptete Verwandtschaft der Wörter »faustisch« und »faschistisch«. Um die Frage, ob dieser Einfall ein genialer sei oder Humbug. Schließlich war man bei den gesundheitlichen Schäden gelandet, die der Verfasser seinem einzelgängerischen Protagonisten Adrian Leverkühn aufgebürdet hatte. Es war inzwischen ein munteres, fast schon vergnügliches Hin und Her. Möglicherweise deshalb, weil mein Name mit seinem »Wy« auf das Ende des Prüfungsmarathons zeigte. Wir überboten uns mit Zurufen schwerwiegender medizinischer Symptome; ohne jedes Mitgefühl für den armen Leverkühn. Grübelzwang. Migräne und Syphilis. Panikattacken und Appetitlosigkeit. Ein Pakt mit dem Teufel, der von Leverkühn verlangte, niemals einen Raum zu betreten, in dem er nicht friert.

In diesem Moment hatte ich den Eindruck, in eine neue Erfahrung aufgenommen zu werden. Und das unter Mitwirkung beträchtlich unschöner, abschreckender Worte. Ausgerechnet einem Schuldirektor verdankte ich diese Groteske, Herrn Dr. Kiesow im Zehlendorfer Droste-Hülshoff-Gymnasium! Imstande, einer Schülerin mit einer ganzen Serie spontaner Umdispositionen und intuitiver Entscheidungen unter die Arme zu greifen. In ihr Leben einzugreifen. Rigoros in den Abläufen, labyrinthisch in den Bestandteilen. Eins kam zum anderen, setzte hier ein Zeichen, da einen Schlusspunkt. So sieht *Zukunft* aus. So aus allen Ecken und Enden holt sie sich ihre Bausteine zusammen. Ihre Zubehörteile. Zusammenprallendes, sich voneinander abstoßendes oder sich eilig zu einem Bild zusammenfügendes Material. Das Bild zeigt das Publikum der Lehrerschaft, den großherzigen Schuldirektor, die düstere Frau Dr. H. und mich, die unerwartet in die Präsenz katapultierte Abiturientin. Zeigt einen Schauplatz für die nächste Runde.

Die Sprache hielt eine Schere bereit. Man führte sie im Mund herum und schnitt damit Dinge zu. Schnitt sich diese oder jene Anknüpfungspunkte zurecht. Sie stellte eine verlässliche Vorrichtung dar: einen immer geöffneten Mund. Ich war froh, dass es die Sprache gab. Meinen ersten Notizen merkt man an, wie *cool* ich es fand, ihr etwas aufhalsen zu können. Ich traute ihr eine Menge zu. Sie hatte die Eigenschaft, sich den Dingen mit einem Vergrößerungsglas zu nähern. Eine bündnisfähige Mitwisserin. Sie wurde gebraucht, wie hätte man sonst mit der Vorläufigkeit, mit all den Provisorien ringsherum fertig werden können? Mit der Treulosigkeit, mit der Vagheit und Ratlosigkeit in den Menschen und Dingen? Sie wollten nicht stillhalten.

Ein früher Eintrag beginnt mit einer Beobachtung unseres Hühnerhofes. Plötzlich fehlte eins der Tiere. Es waren immer nur fünf, höchstens sechs, die sich tagsüber in dem offenen Gehege befanden. Es fiel auf, wenn die kleine Truppe nicht vollständig war. Ich brauchte lange, bis ich den Zusammenhang durchschaute. Das Verschwinden der Tiere hatte mit dem sonntäglichen Hühnergericht zu tun. Ein plötzliches Begreifen sah die Henne noch über Mistberge stolzieren, gackernd, im Mist herumscharrend. Das nächste Bild zeigte sie auf einer Porzellanplatte liegend, in handliche Stücke geschnitten. Ihren Tod konnte ich hinnehmen, merkwürdigerweise. Der Gedanke daran verlief sich, mischte sich unter die Ereignisse des Tages. Schwerwiegender erschien mir, dass überhaupt eine solche Verwandlung möglich war. Dass die Zugehörigkeit des Tieres zu Stall und Körnerpickerei grundsätzlich in Frage gestellt werden konnte. Und zwar durch sein als sonntägliches Familienessen neu in Form gebrachtes Erscheinungsbild. Wie hatte es zu diesem Gestaltwechsel und Neubeginn kommen können? War das eierlegende Huhn immer schon Teil von etwas anderem gewesen? Oder, ganz im Gegenteil, hatten die Bratenstücke überhaupt noch etwas mit ihm zu tun?

Ein Tier, dem verdreckten Hühnerstall entstammend, hatte es bis auf unseren Esstisch geschafft. Dieser Variantensprung verlangte nach weiteren Beobachtungen. Im Zentrum meiner Aufmerksamkeit stand die Mutter. In meinen Augen teilte sie mit dem Huhn die Eigenschaft, ein irritierend unstetes Bild abzugeben: Während der Vater geschniegelt morgens ins Berliner Tonstudio aufgebrochen ist, hat sie bereits mit der Feldarbeit begonnen. Wegen der erbärmlichen Ernährungslage im Osthavelland ist sie morgens eine Bäuerin. In weiten Gummistiefeln macht sie sich auf den Weg zum Feld. Sie trägt ein Kopftuch und zieht einen Leiterwagen hinter sich her. Die Gemüsebeete brauchen Wasser, die Bohnen müssen hochgebunden, die Tomaten geerntet, die Eicheln für die Ziege eingesammelt werden.

Am Abend, vor der Rückkehr des Vaters aus der Stadt, spielt eine andere Musik. Dann legt die Mutter rotes Zeug auf ihre Wangen und schwarzes rund um die Augen. So lange, bis ihr Aussehen den Opernsängerinnen gleicht. Ihre Fotos hängen im Musikzimmer, die heimlichen Herrscherinnen im Haus. Stille Leitsterne, mit denen der Vater beruflich verkehrt in einem weit entfernten, unvorstellbaren Leben. In ihrer Abendgestalt ist die Mutter übergewechselt in ein von mir abgeschnittenes Gebiet. Sie hat Einzug gehalten in das Dasein der Dame. Abends ist definitiv nicht mit ihr zu rechnen. Abends ist sie in einer Ausführung vorhanden, der nicht zu trauen ist. Sie hat etwas Glänzendes, ausgetüftelt Unübersehbares angenommen. Etwas Schönes und auf eine merkwürdige Weise Folgenschweres. Spielend kann es der Grad ihres Gestaltwandels mit dem der Hühner aufnehmen. Die Feldarbeiterin mit den klobigen Stiefeln ist zu einer Darstellerin geworden, die zwischen Veranda, Küche und Esszimmer gastiert.

Tagsüber schwang sie sich mir gegenüber zu dieser oder jener Erziehungsmaßnahme auf. Heimlich, voller Staunen hörte ich ihr abends zu, wenn sie zu Vaters Klavierbegleitung sang: »Wie er aussieht, mir egal, irgendeinen trifft die Wahl!« Nur wenn das Lied *Ich wollt', ich wär' ein Huhn* angestimmt wurde, machte ich schnell die Tür zum Kinderzimmer hinter mir zu.

Ihr Korridor, eine Bildergalerie. Beim Eintreten in das Apartment schauen mir Kraniche, Zebras, Elefanten und Tiger entgegen. In Augenhöhe, dicht gedrängt und trügerisch wirklichkeitsnah. Bei ihrer Tätigkeit müssen die Maler *high* gewesen sein. Die Farben glühen, sie funkeln, fiebern. Die Freundin ist UNO-Angestellte und lange in Tansania gewesen. Zurzeit arbeitet sie im Gazastreifen und hat mich in ihre Wohnung eingeladen, Wien, 4. Bezirk. Im Treppenhaus, dem Apartment direkt gegenüber, sitzt bei meiner Ankunft ein Mann auf einem Stuhl und liest Zeitung. Wir nicken uns kurz zu, gleich darauf schaue ich ihn mir durchs Guckloch in der Wohnungstür genauer an.

Das geschliffene Glas zeigt ihn in weite Ferne gerückt, klein, haarscharf markiert. Ein Spielzeugmensch, postiert in einem Treppenhaus aus marmoriertem Stein und mit einem Geländer aus Messing. Das Geländer zieht sich wie eine goldene Schnur an den Wänden entlang.

Später am Abend zeichnet sich undeutlich der Umriss des unbesetzten Stuhls im Dunkel ab. Mitten in der Nacht fällt mir die Bemerkung der Freundin ein: Es werde im Stiegenhaus untertags ein Wachdienst zu sehen sein. Abkommandiert, um den gesperrten Nebeneingang der Türkischen Handelsmission zu observieren.

Das Geraschel und Geknister am nächsten Morgen kommt ganz aus der Nähe. Es sagt mir, dass der Wachdienstangestellte seine Tätigkeit aufgenommen hat. Beruflich muss er mit dem Schlimmsten rechnen, er ist für den Extremfall zuständig. Seine Erwartung ist auf die Sekunden eines Attentats ausgerichtet, auf die sich plötzlich öffnende Lifttür. Auf maskierte Männer mit Pistolen und Sprengsätzen.

Ein paar junge Schauspieler waren gekommen. Sie bereiteten für eine Studiobühne einen Abend über die Schriftstellerin Elfriede Jelinek vor. Der Regisseur, ein Freund, hatte bereits eine Reihe mühevoller Proben hinter sich. Es sei ihm nicht gelungen, berichtete er, dem Ensemble klarzumachen, was eine Schriftstellerin *nicht* ist. Kein Wesen, das auf Kothurnen stolziert. Bei den Proben hätten die jungen Leute sich gehemmt und ungelenk bewegt. Ihre Stimmen hätten sich benommen angehört. Ihr Zusammenspiel sei daran gescheitert, dass sie als zeitferne, elegisch ihr Außenseitertum behauptende Paria auf der Bühne herumgestanden hätten.

Meine Aufgabe sollte es sein, ihnen die Alltagswelt einer Schriftstellerin vor Augen zu führen. Mir schwebte vor, mich ihnen vor meinem Laptop sitzend zu zeigen. Wie ich mich der Tastatur bediene, wie ich die Tasten »Einfügen« oder »Shift« benutze. So, dass man mich, werktätig einen Text verfassend, im Gedächtnis behält. Die Küche wollte ich ihnen zeigen, das Badezimmer. Ein paar herumliegende Klamotten, Medikamente, Kosmetikzeug.

Eine lebhafte Clique junger Leute machte sich als Erstes über den Anblick des Wachmannes her. Einige von ihnen hatten staunend durchs Guckloch geschaut, mehrmals. Das bewegungslose Bild des vor sich hin starrenden Postens musste ihnen grenzenlos anregend erschienen sein. »Ein Monument«, hieß es andächtig. »Monty Python, zweiter Teil«, »reiner Thomas Bernhard«, »ganz neues Rollenfach«, mein ruhiges Schreibquartier war nicht wiederzuerkennen.

Schon hatten sie den nächsten Schauplatz entdeckt, die theaterhaften Tiere im Korridor. Die nächste Nummer. Keine Chance, die zum Fabelwesen entfaltete Antilope zu übersehen. Nicht das Beinpaar des Kranichs und wie gebieterisch hier sein übliches Höhenmaß überschritten wurde. Man dachte in diesem Moment bedauernd, sogar ein bisschen abschätzig an das von der Schöpfung ihm Zugestandene, viel geringer Ausgefallene. Als hätte sie nicht alles, was denkbar gewesen wäre, aus dem Kranich herausgeholt. Hätte ihn mit einem mittelmäßigen Format abgespeist. Das Gleiche mit dem Marabu. Es waren seine riesigen wie Flugzeugflügel auseinandergefalteten Fittiche. Man sah es, wie sie ihn überhaupt erst zum Vogel machten. Zu einem Vogel, wie er hätte sein können. Und dann erst die Körper der Leoparden. Kraftwerke, die im nächsten Moment aus dem Bilderrahmen springen konnten. Vielleicht standen wir alle nur deshalb so lange im Korridor herum, um das zu erleben. Gingen nur deshalb von Bild zu Bild, von den Hunden zu den Hyänen.

Eine der Schauspielerinnen hatte Tansania bereist. Sie wusste eine Menge über die Tingatinga-Malerei, meinetwegen hätte es ihre Eindrücke vor Ort nicht geben müssen. Bis ich dann hörte, was sich dort zugetragen hatte. Dass der lange arbeitslos gewesene Künstler Pressspanplatten verwendete, Restposten der Inneneinrichtung europäischer Wohnungen, die er mit Fahrradlack bearbeitete. Unabsichtlich sei er durch eine Polizeikugel getötet worden. Ohne zu sprechen, gingen wir die Bilder noch einmal durch. Sie sahen aus, als würde der ihnen fehlende Rahmen eine unentwegte Aufforderung an die Tiere aussprechen, sich selbständig zu machen.

Im Arbeitszimmer, dem eigentlichen Ort des Geschehens, hatten wir dicht an dicht rund um den Schreibtisch Platz genommen. Die Darbietung konnte beginnen. Jetzt war meine Gegenwartsnähe gefragt, meine solide Daseinsverankerung. In diesem Augenblick klingelte es, im Türspion zeigte sich das in weite Ferne gerückte Gesicht meines Freundes, mit düsterer, zorniger Miene.

Mehr und mehr, sagte er aufgebracht, atemlos mir gegenüberstehend, hätten sich bei ihm Verzweiflung und Erschöpfung eingeschlichen. Allein schon der Gedanke, es wäre vor unserer Zeit, also vor unserer Begegnung schon zu Zärtlichkeiten zwischen mir und anderen Männern gekommen. Und nicht nur das. Wie er von mir habe erfahren müssen, hätte ich einmal zumindest einen Mann belogen und betrogen und wochenlang in die Irre geführt. Zunehmend, schrie er mir in panischem Ton entgegen, hätten sich Unglück und Niedergeschlagenheit bei ihm breitgemacht. Unermesslich und unaussprechlich sei sein Mitempfinden, seine Anteilnahme für den durch meine Maskeraden getäuschten Mann. Es hätte sich seiner die Vorstellung bemächtigt, dass auch ihm solches Unrecht widerfahren werde oder bereits widerfahren sei.

Wir standen uns zwischen den Wildtieren gegenüber, ich konnte aus diesem Winkel die angelehnte Tür zum Arbeitszimmer sehen. Nicht aber den Entschluss fassen, durch einen entschiedenen Griff nach der Türklinke meine Besucher auf diese Weise auszusperren respektive einzusperren. Das Schlimmste, ließ er mich wissen, sei fraglos die Tatsache, dass überhaupt für mich ein Leben denkbar gewesen sei, ein Leben vor unserer Begegnung. Er sei am Ende seiner Kraft und werde daher unverzüglich fortgehen, und das für immer.

Kurz, für einen Moment, hielt ich es für denkbar, mein Herz könnte seiner Aufgabe nicht gewachsen sein. Nicht bereit dazu, immer und immer wieder seinen Schlag zu tun. Es würde sich verwandeln in ein stillgestelltes, ein unsachgemäß angewendetes Gerät. Man hat einen Stecker gezogen, und es wird dunkel. Auch jetzt sei ich nicht allein in der Wohnung, hörte ich den Freund sagen. Auch jetzt wäre wieder Täuschung im Spiel. Deutlich genug wären hinter der Tür immer wieder Geräusche zu hören. Ein Stuhl bewege sich nicht von selbst, so wie eben. Mit einem Ruck hatte mein Besucher die angelehnte Tür sperrangelweit aufgerissen. Sichtbar wurde ein Tisch, von dem aus acht Wiener Theaterjungstars ihm entgegenblickten. Wie zusammengeschweißt durch ihre Sprachlosigkeit.

Der Freund war gegangen, wehrlos seinen Gemütsbewegungen gegenüber. Es würde nicht das Ende zwischen uns sein. Ob aber dieser Nachmittag ein passables Beweisstück für die diesseitige Tatkraft einer Schreibenden war? Kaum. Einfach hier sitzen bleiben. Zuschauerin sein, dachte ich. Ich war eine Fehlbesetzung. Für die anwesenden Theaterkinder ein Reinfall.

Zum Glück, sie waren mit sich selbst beschäftigt. Fingen an zu reden. Er würde sich auf der Bühne als Baustein einer Versuchsanordnung fühlen, sagte einer. Man sprach dann von einer merkwürdigen Prozedur kurz vor dem Auftritt. Mit den Fingern habe man an bestimmten Meridianen hochzufahren, ihren Energiestrom zu kappen, ihn mit den Fingern abzukneifen. Gewonnen werde eine Leere, in ihr gelte es, sesshaft zu werden, einen Ort der Wahrnehmungsdichte aus ihr zu machen. Von da an würden die Zuschauer sich von der dargestellten Figur nicht mehr lösen können.

Unverkennbar, dass die Veranstaltung mir entglitten war. Ein Eindruck, den meine Besucher zu teilen schienen. Sie hatten sich zu Erkundungsgängen aufgemacht, streiften durch das Apartment, setzten ihre Beobachtungen am Türspion fort. Ein zum Strahlen fest entschlossener Pykniker erklärte mir, wie sinnlos, wie vergeudet das Scheitern dieses Wachmannes sei. Tag für Tag würde hier ein Mensch eine sowohl von innen als auch von außen gesicherte Tür überwachen. Ein Fiasko sehe heute anders aus. Er machte mich mit der Rolle seines Lebens bekannt: einer aktualisierten *Batman*-Figur. Ihm schwebe eine Kreuzung zwischen Astro Teller und Obi Felten aus dem Silicon Valley vor. Die beiden *Moonshot-Factory*-Chefs seien die wahren Philosophen unseres Planeten. Ihre Losung laute: grünes Licht für fehlgeschlagene Projekte! »Día de los Muertos«, so heiße das Fest, bei dem jährlich die verunglückten Ideen gefeiert würden, sagte *Mr. New Batman*. Erfolgreich sein bedeute, nicht weit genug gegangen zu sein; auf halbem Weg steckengeblieben zu sein.

Er redete von Diabetikerkontaktlinsen und vom Internetzugang durch Luftballons in Gebieten ohne Elektrizität. »Gelebte *science fiction, high impact projects*«, rief er mir zu. Kleine Schübe von Müdigkeit machten sich über mich her. In Windeseile wurde ich von einer Erdkugeltribüne zur nächsten getragen. Ab und zu blickte ich auf meinen Laptop, der als Fingerzeig auf meine Alltagstauglichkeit auf ganzer Linie versagt hatte. Rechteckig und ungesellig sah er aus, ein schnöseliger Spielverderber eben.

Im Fortissimo war in diesem Moment *Strange Fruit* zu hören, von Billie Holiday gesungen. Ein Stimmendurcheinander, quer durch die Wohnung hatte sich eine Vielzahl von Schauplätzen gebildet.

»Warum nur Datenmengen komprimieren, warum nicht auch Objekte?«, wurde ich lauthals von *Mr. Batman* gefragt. Und warum die lupenreinen, die einwandfreien Teams? Gebraucht würde die Bühne. Die Bühne als Ideenbrutkasten. Ein Ort, um zu lernen, wie es geht. Wie man als Forscher mit einem Ingenieur, mit einer Näherin, einer Konzertpianistin und einem Ex-Feuerwehrmann zusammenarbeiten könne. Der Forscher frage: Wozu ist es gut? Der Ingenieur: Wie funktioniert es? Die Näherin: Kann man es auftrennen und neu zusammensetzen? Die Pianistin: Wie sieht in diesem Fall die richtige Technik aus? Der Feuerwehrmann verschaffe sich einen schnellen Überblick über die Lage der Dinge und handele.

Ich hatte vollkommen willenlos der aufgedrehten Gesellschaft die Wohnung überlassen. Bei halb geöffneter Tür fing ich an zu schreiben. So einen kleinen, unbeirrbaren Brocken von Text. Er schaute mir nachts, als alle gegangen waren, vom Bildschirm entgegen.

Die Hose
Sie ist sonst ganz harmlos: Ein Band hält oben ihre Weite zusammen. Ein Bauarbeiter könnte sie tragen, ein Tänzer oder ein Clown. In dieser Hose bewege ich mich anders. Sie breitet sich um meinen Körper in tiefen Falten, ungefällig. Aber weite Schritte, Luftsprünge zeichnet sie in ihn ein.
Sie lässt mich an die Möglichkeit einer veränderten Anatomie denken: Das schönste Gewand wären Flügel.

Die Untat

Eine Zwölfjährige war ich, kein kleines Kind mehr. Jedenfalls alt genug, um sehenden Auges eine erbarmungslos erscheinende Situation heraufzubeschwören.

In der letzten Reihe des Klassenraums saß eine körperbehinderte Schülerin. Irgendetwas stimmte mit ihren Beinen nicht. Deshalb war man ihnen mit einer stabilisierenden Konstruktion zu Hilfe gekommen. An den Innen- und Außenseiten waren jeweils zwei senkrecht miteinander verkoppelte metallische Stangen zu sehen.

Das Mädchen, einige Jahre älter als der Klassendurchschnitt, saß im Unterrichtsraum hinten in der letzten Reihe. Während der Hofpausen blieb es dort allein zurück. Etwas Phantomhaftes lag über seiner Erscheinung, das reglose Gesicht ließ keinen Blickkontakt zu. Manchmal versuchten die Lehrkräfte, das Mädchen ins Gespräch zu ziehen, dann schüttelte es verneinend den Kopf. Nach dem Unterricht wurde es abgeholt, ich habe niemals genauer hingeschaut, von wem. Nur mitbekommen, dass es sich trotz der stützenden Gehhilfen nur langsam, schwankend vorwärtsbewegte. Darum bemüht, die richtigen, die den Körper gefahrlos vorwärtsbewegenden Schritte zu tun.

In einer Unterrichtspause war ich mit einer Orange beschäftigt. Ihre Haut saß fest und ließ sich nur in kleinen Stücken abpellen. Um sie loszuwerden, ging ich hinüber zu dem weißen Abfalleimer. Aber, als ob sie sich selbständig gemacht hätten, nein, es war meine Hand, die sich bewegte, warf ich die Schalenstücke, eins nach dem anderen, dem ahnungslosen Mädchen quer über die Stuhlreihen hinweg ins Gesicht. Ein paar von ihnen gingen daneben, andere trafen. Bis eine meiner Freundinnen neben mir stand und mir den Arm festhielt.

Von zwei Mitschülerinnen herbeigerufen, erschien die aufgebrachte Klassenlehrerin. Ich solle zu dem Mädchen hingehen, sofort, und Abbitte leisten. Noch heute, rief sie mir zu, werde sie einen Brief an meine Eltern verfassen. Ich wusste, dass ich etwas Abscheuliches getan hatte. Etwas nicht Wiedergutzumachendes. Warum sollte man mir verzeihen? Die Luft im Raum musste sich verdichtet haben. Oder war es das Dunkle, Unfassbare, Schwierige, das mich zugeschüttet, aus mir eine Teufelin gemacht hatte? Nur langsam kam ich vorwärts, eine tränenlose Täterin, auf dem Weg zu den hinteren Reihen des Klassenraums.

Ich sah die auf mich gerichteten Augen der Schülerin, ihr verweintes Gesicht. Ihr Blick hatte etwas Empfindsames, Besorgtes an sich. Zur Lehrerin gewandt, sagte sie, sie wolle unter keinen Umständen eine Entschuldigung. Weil sie mir nichts vorzuwerfen hätte, es gäbe nichts zu verzeihen. Deshalb wäre auch der Brief an die Eltern unnötig.

Ich blieb stehen, wusste nichts zu sagen, viel zu groß war das Leben in diesem Moment. Später dachte ich, wie sehr hätte sie sich darüber gefreut, wenn ich mit der Mutter einen Kuchen gebacken, einen Blumenstrauß überreicht hätte. So ist es ein unabgegoltenes Geschenk des Mädchens geblieben, ein Geschenk an mich mit Langzeitwirkung.

Und deshalb ein Fall für die *ruhelosen Wörter*. Wörter wie sie sehen keinen Sinn darin, die Schreibenden in ein gutes Licht zu rücken. Sie denken nicht daran, deren Hölle gnädig von der Bildfläche verschwinden zu lassen. Sie wollen aussprechen, was ihnen ins Auge sticht. An sich reißen, was sie kriegen können. Aus den letzten Winkeln kehren sie sich ihr Zeug zusammen. Es käme einer Täuschung gleich, ihnen etwas vorzuenthalten. Dafür würden sie sich rächen, sich in ihre Reviere zurückziehen. Eiskalt machen sie dicht und schweigen. Weil sie nicht nur ruhelos sind, sondern selbst Getriebene.

Große weiße Segel. Für die Nächte hat sie noch nicht das Richtige gefunden. In den Nächten ist der vergangene Tag nicht wiederzuerkennen. Er macht den Eindruck, als habe er sich übernommen, nachts muss er Wunden lecken. In der Kindheit hatte es noch richtige Nächte gegeben. Manchmal acht, neun Stunden lang. Man war im Bettzeug untergetaucht wie hinter großen weißen Segeln.

Abseits. Wie häufig man ihr gegenüber die Bemerkung machte, sie würde sich auf eine »künstlerische« Art und Weise Zugang zu den Dingen verschaffen. Eher künstlerisch als wissenschaftlich. »Seien Sie doch froh«, fügte man eilig hinzu, den zweifelnden Ausdruck in ihrem Gesicht wahrnehmend. »Wer kann das schon von sich behaupten«, hieß es dann. Oder: »Das ist doch heutzutage so selten geworden.« Dabei war's nichts anderes, als getröstet ins Abseits geschoben zu werden.

Freundinnen, wie Männer sie sehen. Eine Klimazone, eine Geheimgesellschaft, ein experimenteller Roman. Niemals an seinen Kern gelangend, unter Dauerbeschuss eines seltsam süchtigen Nicht-voneinander-lassen-Könnens. Eine Choreographie der Ausflüchte und eine Liebesgeschichte. Empfindungslos gegenüber dem sogenannten »richtigen« Zeitpunkt, zudem mit einem andauernden leichten Hungergefühl beschäftigt. Sie kennen einen Code, ohne ihn entziffern zu können.

Allein die Überschwänglichkeit ihrer Wiedersehens-
freude müsste schon misstrauisch stimmen. Genau betrachtet handelt es sich um ein überlegtes Ungestüm,
um eine hoffnungsvolle Exaltation. Um das Verlangen
nach Plastizität, die an Charcots klinische Bilder von
Frauen erinnert. Eine Bewegungsenergie, die weit übers
Ziel hinausschießt. Von Anbeginn ein Strohfeuer, das
von den später einsetzenden Empfindungen der Abkühlung und Ernüchterung ausgetreten, zum Erlöschen
gebracht wird.

Gesamtkunstwerke. Aufgewachsen in einer Bildhauer-
schule, waren ihm als Kind schon die Modelle anti-
ker Skulpturen vertraut. Sie hatten in den Ateliers als
Herrschergestalten Aufstellung genommen. Auch in
den aufgeblätterten großformatigen Bildbänden waren
sie auf riesigen Tafeln zu sehen. Als seine Geliebte ihn
nach der ersten gemeinsamen Nacht ausgestreckt neben sich liegen sah, das schmale Deckbett halb über sich
gebreitet, sagte sie, ohne seine Herkunft zu kennen, er
sei das Abbild einer griechischen Statue. – Und eine in
München lebende, befreundete Malerin musste wegen ihrer Apnoe nachts zeitweilig eine Atemmaske tragen. Ein an dem Gerät angeschlossener Schlauch führte ihr Sauerstoff zu. Das war in einer Phase, in der sie
sich mit Insekten beschäftigte. Tagsüber wurden sie
von ihr gezeichnet, nachts sah sie selber aus wie ein
Insekt.

Männlich und magisch. Ausschau haltend nach einer
Dunkelheit, einer Tiefe, einem Überraschungseffekt.

Nach einem irgendwie artistischen Mitbringsel. Anziehung funktionierte mithilfe der Vermutung, die Realität des Mannes sei mit einer sowohl beängstigenden als auch vergötterten Dunkelkammer ausgestattet. Umrisshaft eine Art von gefahrvoller Deponie. Irgendwann weiß man es, dass der ganze Zauber eine Erfindung ist. Will man aber nicht, man will es nicht wissen. Etwas zündelt weiter, ist ansteckend und mitreißend und übersteht spielend den Anflug von Ungläubigkeit.

Formenkreis, unkenntlich. Augen blau, vermutlich Mutter. Die Wörter noch im Versteck. Lagernd in Zellwänden. Wer war man schon, ein Säugling in einem Kinderbett! Fast noch Gallerte. Groß wie ein Pflaumenkern, das Gesichtsfeld. Wer weiß, ob man schon weiß, was eine Pflaume ist. Ein Kern. Von jetzt an ist man jedenfalls dabei. Sonne morgens. Abends die Furcht. Abends der Spiegelschrank. Das dumme Dasein. Es würde sich einrenken, die Perspektive sich einpendeln. Doch das kommt nie.

Doppelgänger. Der spanische Koch hantiert in der offenen Küche herum. Schwungvoll, stecknadelgenau schlägt er auf ein riesiges Fleischstück ein. Sein Messer trifft auf Adern, auf Arterien und Venen, er kennt ihren verworrenen Verlauf. Ihm folgend, stößt das Messer nirgendwo auf Widerstand. Tagsüber ist er mit Hängen und Würgen auf der Welt. Sein Herzschlag setzt in der abendlichen Küche ein. Im Tageslicht liegt sein Gesicht im Schatten, das Holzbrett am Abend stellt ihm den Spiegel hin. Seine Züge hat er einem Bild von

Francisco Goya entliehen, es sind die des Toreros Pedro Romero. Als Porträt und immer wieder woanders zu entdecken, inmitten von Königen, von Infanten und den von ihnen Geknechteten. Die aufgedonnert frisierten Damen nehmen ihre Plätze ein, und der erschossene Soldat wirft seine weißen Arme hoch. Der Koch teilt ein Filet in viereckige Brocken auf. Von glühenden Herdplatten umgeben, schaut sein gezeichnetes Gesicht zu den Gästen hinüber.

Ewige Vertagung. Langsam schämt man sich, es sieht verkommen aus, fürchterlich. Vielleicht eine Bepflanzung an den Rändern entlang, grüner Buchsbaum. Zur Mitte hin einige größere Sträucher. Und Blüten, Rosenstöcke. Bis jetzt konnte ich doch immer noch hoffen und mir vorstellen, dass er wiederkommt. Dass alles das hier etwas Vorübergehendes hat. Und eines Tages vorbei sein wird. Aber wie denn? Soll er, quer durch das dicke Holz, den Sarg durchstoßen, der eigens zugenagelt worden ist? Nach oben steigen wie ein Entfesselungskünstler? Ein Untertagearbeiter, der den Erdhügel zur Seite scharrt? Das weiße Gesicht, und es kann gar nicht anders sein als kreideweiß, wie sollte es zwischen Erdkrumen und Steinen plötzlich sichtbar werden, zurückkehren, obwohl man alles dafür getan hat, um ihm den Weg nach oben abzuschneiden? Die erste Pflanze, wenn sie einmal gesetzt ist, macht sein Fortsein und Dortsein endgültig. Fertig, aus, Verschlusssache. Was ist mit der Umrandung, man muss ja dem Ganzen einen Rahmen geben, kleine Hecken, niedrig wachsende Gräser. Und damit wäre es dann wirklich für immer vorbei. Jetzt ist Oktober, vor dem Frühjahr hat es sowieso keinen Sinn, damit anzufangen.

Kinoabend. Ob er freundlicherweise den Ton der Lautsprecher etwas dimmen könnte. Meine Frage war an den im »Metro« beschäftigten Angestellten in der Wiener Johannesgasse gerichtet. Seine Aufgabe war es, die Kinokarten der Besucher durch einen kleinen Riss ungültig zu machen. Ich hatte mir hinten einen Randplatz gesucht. Von dort aus konnte ich sehen, wie beschäftigt er damit war, die nun so unverhofft ihm abverlangte Aufgabe der Lautstärkeregulierung zu vereinbaren mit der Tätigkeit der Kartenentwertung. Der Versuch, für Jarmuschs *Mystery Train* die ideale Tonstärke hinzukriegen, erwies sich als schwierig. Immer wieder sah ich den Mann zu dem in der Wand eingelassenen Türchen hinlaufen, um den dort angebrachten Regulator zu bedienen. Er eilte deshalb zwischen ihm und den neu eingetroffenen Besuchern hin und her. Zweimal hatte er sich flüsternd nach meinem Eindruck erkundigt, unvermindert geduldig, entgegenkommend, die rechte Hand abwägend hin und her schwenkend, gewissermaßen zwischen den beiden Lautstärkepolen Zeichen setzend. Niemals hätte ich ihn angesprochen, wäre mir bewusst gewesen, welche Mühsal ich ihm zumutete. Als dann alles auf den Punkt genau ausgesteuert war, spätestens in diesem Moment konnte ich nicht mehr anders, als an Franz Grillparzers Erzählung vom *Armen Spielmann* zu denken. An den sprichwörtlich duldsamen »Helden« aus Österreich. Es war ein so guter Ort an diesem Abend im »Metro«.

Auch eine Art von Lebewohl. Im Keller hatte er eine Schachtel mit Familienfotos gefunden, vom Schimmel zusammengeschweißt. Ein klebriges Bündel, das er mit einem Föhn getrocknet hatte. Jetzt liegt stumpf ein weißes Pulver über den Bildern. Es ist in ihre aufgeraute Oberfläche eingedrungen, hat sie bestäubt und betäubt und damit erst recht unkenntlich gemacht. Von den Gesichtern ist manchmal nur noch das Stück einer Stirn zu sehen, ein Mundwinkel, ein Auge. Die um den Tisch versammelte Familie zeigt sich in halben Frisuren, ein Stuhlbein und der Deckelknauf einer weißen Kaffeekanne sind unverhältnismäßig deutlich sichtbar. Die Bilder gehören in den Müll, denkt er und pustet das weiße Pulver von seinen Händen weg.

Kommen Sie gut nach Hause. Das neueste Lied der Eltern hatte den Titel *Kommen Sie gut nach Hause.* Es wurde als Schlussgesang von Großveranstaltungen gespielt. Das Publikum sang mit und verließ, dabei rhythmisch in die Hände klatschend, den Saal. Ein damit konkurrierendes, anderes Lied hieß *Auf Wiedersehn, auf Wiedersehn, bleib nicht so lange fort.* Es fand bei ähnlichen Anlässen Verwendung, wurde häufiger gespielt und hatte mehr Erfolg als die Komposition der Eltern. Einmal erzählte eine Schulfreundin überraschend von dem »Auf Wiedersehn«-Lied, ohne von meiner Verstrickung in den Wettlauf der Kompositionen zu wissen. Sie meinte, dieses Lied gefalle ihr besser als jenes andere, das »Nach Hause«-Lied. Die Mitteilung löste, unerklärlicherweise, der Freundin gegenüber ein frostiges, sogar ablehnendes Gefühl in mir aus. Unerklärlich deshalb, weil auch mir das andere, das »Auf Wiedersehn«-Lied besser gefiel. Es hatte eine melodisch melancholische Viervierteltakt-Melodie, das Flair eines geschmeidigen Sehnsuchtsliedes. Während das der Eltern ein eher robustes Rausschmeißerlied war. Ganz davon abgesehen, dass *beide* Lieder, wie meine frühe Adorno-Lektüre mir sagte, das reine Elend waren. Beide dem Räderwerk der Kulturindustrie abgerungene Schreckensgestalten. Unerklärlich also, dass es mich nicht hellauf begeisterte, wenn die häusliche Liedproduktion weniger erfolggekrönt war.

Der Geliebte. Eigentlich war der Abend schon zu Ende. Da betrat dieser Mann den Raum. Ein Gesicht von früher. Die Augen sahen alles, reichten es weiter an einen Blick, der aus Beständen von sonst woher kam. Der schmal gewachsene Mann erschreckte mich. Als stünde mir ein Zusammenstoß bevor. Hoffentlich fällt sein Blick nicht auf mich, dachte ich. Und war mir sicher, dass genau dies geschehen würde: noch bevor eine gemeinsame Freundin uns miteinander bekannt machte. Etymologisch gesehen, hatte der »Blick« einmal die Bedeutung des »Blitzes«. Blick. Blitz. Der unbekannte Mensch. Ob ich Wein trinken möchte. Naheliegende Worte. Aber mit einer Spur von Einmaligkeit versehen. Dann weiß man schon, man kann sich an nichts mehr halten. An diesem Tag hatte ich ein Gedicht von Laozi gelesen. Unter anderen Bedingungen wäre ich mit dieser Nachricht nicht herausgeplatzt. Weil sie, außerhalb jeglichen Zusammenhangs, hochtrabend, barock geklungen hätte.

In meinem Notizbuch steht nun seine E-Mail-Adresse. Wegen des Laozi-Gedichtes. Zuhause angekommen, habe ich sie lange angestarrt. Aber was heißt schon in einem solchen Augenblick »zuhause«.

Die Selbsternannten. Darin war Peter Altenberg eine Kanone: Er spielte mit dem Gedanken an eine Menschheit, die neue Zeichen setzt. Damit waren nicht seine Landsleute gemeint. Oder etwa ihre Fähigkeit, sich von der sogenannten Wahrheit fernzuhalten; so lange, bis sie ihr einen eigenen *sound* mit auf den Weg gaben. Johann Nestroy spricht im *Mädl aus der Vorstadt* mit unerwarteter Ernsthaftigkeit davon: »... die größten Gelehrten haben von der Wahrheit nie mehr als eine Ahnung gehabt.« Dieser wohlgehütete Abstand zu Gewissheiten jeglicher Art macht Spieler und kleinformatige Hasardeure aus den Leuten. Macht sie zu Entscheidungsträgern im Kraftfeld des Leichtsinns. Mal sehn, ob's durchgeht! Ob man wieder mal der mit der Schummelhoheit geblieben ist! Da braucht man sich nicht zu wundern, dass es dort, gleich um die Ecke, eine Friederike Mayröcker gab: die von solcher gekonnt herbeigewinkten Höhenluft am weitesten Entfernte.

Kinderauge. Es gab ein Lebensalter, in dem die Wörter »Hongkong« und »King Kong« das Gleiche bedeuteten. Beide bezeichneten Angstreviere, in beiden ballte sich ein unüberschaubares, gesetzloses Leben zusammen. Es verlangte von mir, den sich übereilenden Anblicken der Wirklichkeit Paroli zu bieten. Nicht hängenzubleiben in undurchdringlichen Verzweigungen, im Gesträuch und im Gestrauchelten. Dann aber, später, immer wieder auch staunend stehenzubleiben vor dem zur Verfügung stehenden Maß an Zurechtfindung. An Gleichgewichtsfortbestand, Absturzbegrenzung, Todesverzögerung.

Risikofreude. Von Anfang an war er für mich eine Romanfigur. Hochgradig unwirklich, ein uneinholbares Phänomen. Dabei von mäßiger Anschaulichkeit, äußerlich eine bescheidene Erscheinung. Sie forderte dazu auf, keine Notiz von ihr zu nehmen. Auf Fotos ein in die Jahre gekommener Pykniker. Seine Radiostimme fällt in meine Schulzeit. Ein schallwellenverschlüsseltes, ein von Äther durchwirktes, fernes Wesen sprach mit mir. Wenn Adorno im »Nachtstudio« zu hören war, fing der Tag erst richtig an. Das zügige Vorwärtskommen der Sätze hatte etwas Unwiderstehliches. Sie brachten Risikofreude und den Gestus des Vorpreschens mit. Hier sagte einer, wo es langgeht. Beschleunigt langgeht. Man bewegt sich wie im Fluge auf die Welt zu. Die Schülerin wird sich einer Heldengestalt gegenübergesehen haben.

Es gab da eine ganze Reihe von Dingen, die mir auffielen. Manche Schuppen beispielsweise. Verschläge, die aussahen, als wären sie von Natur aus zugewachsen, schon immer von wuchernden Grünpflanzen zugedeckt gewesen. Ruhiggestellt wirkten sie, unbegehbar. Wie lauter in der Landschaft abgestellte, verrammelte Quartiere. Still war es deshalb noch lange nicht. Schon gar nicht bei uns in der Sacrower Allee, wo die russischen Soldaten mit ihren riesigen Lastkraftwagen unterwegs waren. Hinten im Garten hatte die Mutter die Ställe zu versorgen. Es gab Hühner und eine Ziege. An den Nachmittagen im Sommer musste ich sie zum Grasen auf eine nahe gelegene Wiese führen. Sie neu »anpflocken«, bald dann wieder losbinden, um sie auf neues Terrain mit frischen Gräsern zu lotsen. Vorausgesetzt, das jähzornige Tier erlaubte es mir. Was aber war mit den Nachbarn, mit meiner Familie? Was war mit den Leuten los, die draußen am Haus vorbeigingen? Sie machten einen ratlosen Eindruck. Als würde ihnen das Leben über den Kopf gewachsen sein. Vor allem wenn sie redeten, fiel mir das auf.

Da war zum Beispiel die Sache mit dem Kinderbuch, eines meiner Funde im elterlichen Bücherschrank. Es hieß *Was das Sonntagskind erlauscht*, die Mutter hatte ihren Mädchennamen und eine Jahreszahl in das Buch eingetragen. 1929. Auf dem Einband war ein auffallend elegantes Mädchen in einem schmalgeschnittenen gelben Kleid zu sehen. Das Kleid endete kühn weit oberhalb der Kniescheibe. Wie konnte ein junges Ding von Kopf bis Fuß so erlesen aussehen? Irgendwo anders musste es Menschen geben, die keine aus Stoffresten gestückelten Kleider trugen. Menschen, die wie das braungelockte Mädchen auf dem farbig bedruckten Buchdeckel aussahen. Sie hatte ihre hochgehobenen Arme frei heraus hinter dem Kopf verschränkt, als wär's ihre ureigene, eine von Natur aus ihr mitgegebene Haltung. Arme, von einem üppig gefältelten Tuch bedeckt, das sich luftig bis in den Bildhintergrund hinein erstreckte.

Die kurzen Erzählungen trugen Titel, die wie ein Glücksautomat auf mich wirkten. *Das Himmelstelephon*, *Barfüßchen*, *Die goldene Eisenbahn* und *Fritz, der kleine Piccolo*. Die Leute, denen man dort begegnete, waren in den Weiten der Milchstraße unterwegs. Oder in Paris, wo die Mädchen Madelon hießen, Privatunterricht hatten und dem Vater die Hand küssten. Manchmal wurde man mitten in den Wind hineingeschubst, man landete im Wüstensand oder im Schnee. In einem Schwarm von Vögeln oder inmitten der Sterne. Manche Wörter klangen so, als würden sie nur innerhalb dieses Buches existieren. Wenn etwa von Kommerzienräten oder von Equipagen die Rede war. Wörter, die etwas hermachten. Diverse Schicksalsfügungen sorgten dafür, dass die ganz armen Kinder am Ende in großen Villen wohnten. Demgegenüber hatten die anmaßenden, kleinen Piesacker Buße zu tun. Die wurden des Nachts von Zigeunern verschleppt, mussten in Zirkusarenen jahrelang durch brennende Reifen springen, bis endlich im Publikum ein vornehm gekleidetes Paar Platz genommen hatte, das plötzlich von seinen Sitzen aufsprang und laut ausrief: »Das ist unser Sohn!«, der inzwischen sanft, gut und gerecht zu allen Menschen geworden war und nun nach Hause zurückkehren durfte.

Das Buch brachte die Idee eines »Früher« mit. »Vorgeschichte«. Seine Filous, seine Villenbesitzer und Canaillen bewegten sich gewitzt in einer human sich selber zurechtruckelnden, locker allerlei Ungemach ausbügelnden Wirklichkeit. Die Welt des »Sonntagskinds« rückte mir das erste Paralleluniversum meines Lebens vor Augen. Wer war sie, ihre Erfinderin, wer war Else Ury? Eigentümlich überhastet hatte die Mutter auf meine Frage geantwortet, beinahe abrupt. Sie sei gestorben, hörte ich. Mehr nicht. Als hätte es in Else Urys Dasein keine anderen Ereignisse gegeben als ihren Tod. Da war sie wieder, diese spürbare Ratlosigkeit der Erwachsenen. Das Innehalten. Eine denkbare, eine naheliegende Antwort wären ein, zwei weitere Buchtitel gewesen. Oder einfach der Hinweis, es sei über diese Autorin bedauerlicherweise nichts Näheres bekannt. Etwas Unantastbares, Unerklärliches setzte Zeichen, hatte die Eigenschaft eines Geheimnisses. Es musste sich dabei um eine vollkommen andere Art der Phantastik handeln als die Zauberkunststücke und Schattenspiele des Vaters.

Meine Frage wurde mir viele Jahre später im Lesesaal der Frankfurter Universitätsbibliothek beantwortet. Ich suchte nach Veröffentlichungen von Autorinnen der

Weimarer Republik. Ein Hinweis auf Else Ury löste blitzartig die Empfindung aus, ich würde auf ein fernes, selten erwähntes Familienmitglied gestoßen sein. Als Kind habe sie bei einem Stegreifspiel die Rolle eines Röntgenstrahls übernommen, las ich. Dieser Hinweis rief den Reiz und die Empfindungen meiner frühen Lektüre ab. Der zur Darstellung gebrachte Röntgenstrahl passte ins Bild. Alles das, was folgte, führte aus ihm heraus. Es ließ mich mit dem Gefühl zurück, eine Todesanzeige ausgehändigt bekommen zu haben. Möglich, dass ich die Magie, die mich als Kind erreichte, später nicht an die Infos von Wikipedia abgeben wollte; deshalb niemals recherchiert hatte. Nun aber weiß ich *alles*. Dass sie als Jüdin 1935 aus der »Reichsschrifttumskammer« ausgeschlossen und 1943 in Auschwitz ermordet wurde. Sorgsam habe sie am Morgen ihrer Deportation einen gepackten Koffer in der Diele ihrer Wohnung abgestellt, im Staatlichen Museum Auschwitz-Birkenau kann man ihn besichtigen. Hitlers Politik habe sie 1933 für einen Ausweg aus der Massenarbeitslosigkeit gehalten. »Alles hoffte wieder auf bessere Zeiten«, schrieb sie in ihrem Buch *Jugend voraus*. »Mithelfen wollten sie alle, Deutschland wieder groß und stark zu machen, es aus seiner wirtschaftlichen Not zu befreien.«

Ein fremd gewordenes »Sonntagskind« war zum Vorschein gekommen. Und mit ihm ihre Erfinderin. Wie gläubig sie auf die guten Taten ihres Henkers setzte. Es wird wohl, dachte ich, die Sonntagskindheit ihrer Erzählungen keinen Platz gelassen haben für den Blick auf eine Welt, die 1933 bereits zum zentralistisch regierten Polizeistaat geworden war. Auf ein Deutschland, in dem die organisierten Angriffe gegen Juden schon zur Tagesordnung gehörten. Es muss sich der formschöne Reigen der Geschichten, die märchenhafte Idee gerechter, weiser Schicksalsfügungen wie ein schützendes Bollwerk angefühlt und die Gefahr ausgeblendet haben. Protokolle einer erzählten Welt, die sich sicher ist, heil über die Runden zu kommen.

Für mich, das Kind von damals, hätte es nichts Besseres geben können. Es war aufgewachsen mit dem Geschrei der Hühner, dem Todesschrei ihrer Kehlen, kurz bevor die Mutter zuschlug mit dem Beil. Es hatte gesehen, wie der russische Soldat den Vater zum Flügel stieß und mit vorgehaltener Pistole nach der Musik aus deutschen Operetten verlangte. Und dann die Geschichte mit dem »Leiterwagen«, ein unverzichtbares Transportvehikel für die Bittgänge zu den nahe gelegenen Bauernhöfen. Sein Platz, gut getarnt, war die Garage, eines Morgens war sie leer. Ausgeräumt. Der schwere Wagen, von Unbekannten geräuschlos über den Gartenzaun gehoben, blieb für immer unauffindbar. Und ganz zu schweigen von der übergelaufenen Jauchegrube. Man musste sich für ihre Säuberung tief in die ausgemauerte, mit einem Deckel versehene Grube hineinbegeben. Es war ein eisiger Tag, der Vater trug einen Hut und hatte einen Eimer in der Hand. Die Mutter machte einen besorgten Eindruck, sie forderte mich auf, in mein Zimmer zu gehen. Dort wartete schon Urys »Zigeunerlisel« auf mich. Ich schlug das Buch auf, es war wie ein Haus, dessen Türen und Fenster Tag und Nacht offen stehen.

Die Absage

Mein soziologisches Praktikum leistete ich, mäßig gut
gelöhnt, bei einem Frankfurter Marktforschungsinsti-
tut ab. Ich führte Gespräche mit sogenannten Versuchs-
personen; »VPs«. Sie wurden von eigens dafür engagierten Studenten unten auf der Straße angesprochen
und von dort in die Räume des Instituts begleitet. Es erwartete sie ein detailliert ausgearbeiteter Fragebogen,
mir fiel die Aufgabe zu, ihn in die Vorlage eines anregenden Gespräches zu verwandeln. Herauszufinden, welche Käuferabsichten sich auf Kekssorten, Seifenmarken
und Schokoladenriegel richten könnten.

Nicht immer war diese Beschäftigung nur stupide.
Über eine noch uneingeführte Zigarettenmarke sollte
ich in Hamburg Interviews durchführen. Am letzten
Tag stand auf der Liste meiner zu Gesprächen bereiten
»VPs« ein Nachmittagstermin. Als Studentin Theodor
W. Adornos war ich hier hochwillkommen, ein Freund
wurde telefonisch benachrichtigt, der kurz darauf erschien, es war der Literaturwissenschaftler Karl Heinz
Bohrer. Seine Idee, unverzüglich den voluminösen Fragebogen beiseitezulegen, dafür entspannt zur Teetasse
zu greifen und von den augenblicklichen Seminarpro-
grammen des Philosophen zu erzählen, erlöste mich
von meinem Interviewauftrag. Morgen, während der
Rückreise im Zug, würde Zeit genug sein, auf die Fragen des Instituts mit aller Sorgfalt zu antworten.

Dessen Chef äußerte sich zufrieden über die Auskunftsfreudigkeit der Hamburger Zigarettenraucher, ein im Ganzen angenehmer, großzügiger Mann. Bis er mir eines Tages seinen abendlichen Besuch ankündigte, verbunden mit einem »Angebot«, das ich, anders als die im Neo-Western auftretenden Waffenträger, ohne zu zögern, »ablehnen« konnte: Ich bat die Sekretärin, mir die Unterlagen, in denen meine Anschrift verzeichnet war, auszuhändigen, und machte mich auf die Suche nach einer neuen Beschäftigung.

Meine Hoffnung richtete sich auf eine öffentlich ausgeschriebene Stelle im literarischen Lektorat des S. Fischer Verlages. Dort gaben sich drei Herrschaften alle Mühe, einen Eindruck von mir zu gewinnen. Ich glaubte, meine Sache gut gemacht zu haben, das Gespräch war lebhaft, die Menschen wohlwollend. Die Gefahr kam aus einer unvermuteten, einer ganz anderen Ecke. Nach einer kurzen Beratung draußen im Korridor teilte man mir die Entscheidung mit. Es war eine Absage. Der Grund dafür hatte vollkommen außerhalb meines Blickfeldes gelegen, hatte sich unkontrolliert eingeschlichen und von sich aus nach einer Offenlegung verlangt.

Dreimal, so sagte man mir, hätte ich in dringlichem Ton eine verräterische Äußerung gemacht. Dreimal verkündet, es müsse mir neben der Verlagsarbeit Zeit genug fürs eigene Schreiben ermöglicht werden. »Schreiben Sie«, sagte die freundliche Dame des Verlagstrios, es war Margherita von Brentano, »wirklich, tun Sie das.«

Bevor ich aus dem Haus gehe, baue ich mir ein Gehäuse. Ohne Visier unter Leute zu gehen ist nicht mein Ding. Das Gehäuse bietet eine solide durchdachte Darstellung an. Kleid und Schuh und Kappe, lauter zweite Häute. Das Gesicht, eine weitere Verschalung, braucht Farbe, ein Rot, ein dunkles Braun, die bekommt es. Gesicht und *outfit* haben sich in einen »Anblick« gerettet, haben sich konspirativ einer schönfärberischen Tarnung bedient. In Schreibtischnähe ist Schluss damit. Achtsam wird hier all das abgetragen, der »Anblick« deinstalliert. Der Schreibtisch ist nicht nur der Ort der Einbildungskräfte, sondern auch der einer Stilllegung aller Opulenz. Start in eine Zone, in der ich bar aller Verschnörkelung dem Laptop gegenübersitzen will. Wo ich Platz schaffen möchte. Für einen Zustand, in dem man das eigene Zugegensein gerade noch so mitbekommt; als ein gewissermaßen mitlaufendes Hab und Gut.

Natürlich entgeht mir nicht, wenn im Sommer vor meinem Fenster die dichten Blätter, die weit ausgreifenden Zweige der Platane in ihrer sanften Bewegtheit wie ein Gruß und Winken ins Zimmer hineinreichen. Sie haben ein uneingeschränktes Aufenthaltsrecht, aber eben auch die Eigenschaft, nicht einzugreifen in mein Vorhaben: abzuservieren, was dem Schreiben Steine in den Weg legt, sodass ich etwa den Moment verpassen könnte, in dem das Gedächtnis seine Schätze freilässt.

Und die Sprache aus ihnen Stoffe, Motive, ein anderes Leben macht, eine »zweite Natur«. Nicht zu vergessen die der Sprache innewohnende Ortskundigkeit: ihr Auge für das Maschenwerk der Wörter, das Zellgewebe der Zeichen und Zitate, der Schreibweisen und Lesarten.

Von der Dichterin Ilse Aichinger weiß man, dass sie vor Beginn einer größeren Textarbeit Stunde um Stunde, manchmal einen ganzen Tag im Zustand der Erstarrung auf ihrem Bett gelegen hat. Um sich selber aus dem Weg zu gehen. Auszublenden den Magnetismus der Subjektivität und deren störende Vorlieben, Neigungen, ihr Näheverhältnis zur ausgepinselten Reminiszenz. Um die Nahtstellen deutlicher zu sehen, die den Text in Atem halten. Mit leeren Händen dem Orchesterapparat der Stimmen gegenüberzustehen, um in die Verstecke der Wörter eingelassen zu werden.

»Salto mortale«-Sprache

Immer mal wieder hat man es mit der Frage nach der weiblichen Schreibweise zu tun. Phantom oder Phänomen? Ein Denkspiel jedenfalls, kaum Spielregeln. Nirgendwo hat es so richtig Platz genommen, es neigt nicht zur »Stoffhaltigkeit«. Eher drängt es zur Grenzenlosigkeit. In diesem Zusammenhang, für den mir das Wort »diffizil« einfällt, sollte ich an einer öffentlichen Diskussion teilnehmen.

Gerade hatten mir wieder die Romane der österreichischen Schriftstellerin Mela Hartwig (1893-1967) das Dilemma vor Augen geführt. Hatten mir signalisiert, was auf eine gutwillige Gesprächsteilnehmerin zukommen könnte. »Mach nicht so ein Gesicht«, sagte die Mutter, wenn mir bei uns zuhause etwas nicht passte. Das genau machte Hartwig mit den Wörtern. Sie zogen ein Gesicht, sie hatten etwas Windschiefes. Ich konnte nicht so tun, als würde ich es nicht sehen. Überall hatte es in dieser schräg und abschüssig in der Gegend abgesetzten Sprache seine Merkmale hinterlassen. Da wird in einen Fauteuil hineingetaumelt. Die mageren Zeiger einer Uhr gleichen gebleichten Knochen. Und ein satanisches Gelächter schrumpft zu einer Zelle mit kahlen, getünchten Wänden zusammen. Wörter, auf ein Gleis geschoben, das nicht richtig befestigt, nur lose hier und da verschraubt worden war. Schamfrei aus den Befestigungen springend. Kurz, eine »Salto mortale«-Sprache.

Die geplante Veranstaltung fiel aus. Eine Gelegenheit weniger, sich um Kopf und Kragen zu reden. Wegweisend, produktiv sieht anders aus. Eine kundig geführte Diskussion baut auf eine nachvollziehbare Art der Redeweise. Auf Überzeugungskraft, auf ein gedankliches Zubehör, mit dem sich umgehen lässt. Sie rechnet nicht mit dem Hinweis auf Frauen, die richtungslos in Fauteuils hineintaumeln. Nicht mit einer Wiederanknüpfung an die früher einmal in Psychoanalyse und Literatur herumvagabundierenden Hysterikerinnen. Pappenheim. Spielrein. Wittmann. Sie ließen die Sprache aufplatzen, fehlschlagen, um sich schlagen. Reizten ihre Möglichkeiten aus, bis sie zu einer »écriture inflammatoire« wurde. Eine Avantgarde-Schrift, die ein fluchtartiges Entkommen abbildet: die Silhouette der abgebrochenen Zelte, die Kontur des lädierten universellen Subjekts. Es werde untertauchen »wie am Meeresufer ein Gesicht im Sand«, assistierte Michel Foucault.

Nach einem Einbruch in der Nachbarwohnung verabredete ich mich mit dem Vertreter einer Versicherungsgesellschaft. Er schaute sich bei mir um, stellte Kalkulationen an und weihte mich in diverse Klauseln ein. Das Gespräch zog sich hin, ich bot einen Kaffee an, Kekse. Dass ich vermutlich selten Umgang haben würde mit Leuten wie ihm, meinte mein Besucher. Schon gar nicht hätte ich wohl je daran gedacht, einen Versicherungsvertreter zur Hauptfigur eines Buches zu machen.

Noch näher an seiner Figur sei der große Franz Kafka; er sei selber einer gewesen, sagte ich. Davon mal abgesehen, gebe es viele Autoren, deren Themenwahl als aufsehenerregend zu bezeichnen sei. Goethe habe sich jahrelang mit dem Kieferknochen eines indischen Elefanten befasst. Bei Heinrich Heine seien es die Teilnehmer eines Pariser Maskenballs gewesen. Ausgelassene Festgäste, die scharenweise von dort aus, es herrschte die Cholera, grell kostümiert, wie sie waren, mit einer Kutsche direkt zu einer Massengruft befördert wurden.

Was hatte ich ihm damit sagen wollen? Die Literatur kann alles? Fühlen Sie sich bitte eingereiht in ein Kuriositätenkabinett? Später gestand ich mir ein, seine Frage absichtlich mit forschen Antworten zugeschüttet zu haben. Um einen Elefanten war es ihm ebenso wenig gegangen wie um die nach einem Maskenball spektakulär Verstorbenen. Es ging ihm um eine Bestätigung. Darum, dass auch *sein* Leben mit einem Fuß in einer Dichtung steht.

Fristgemäß nach einem Jahr schickte er mir die aktualisierte Version meines Vertrages zu. Das beigelegte Schreiben schloss mit der Frage, ob inzwischen eine meiner Dateien den Titel *Der Versicherungsvertreter* tragen würde. Von da an ließ mich der Gedanke nicht los, ihm etwas schuldig zu sein. Ich erinnerte mich an seinen dunkelblauen Anzug. An seine beigefarbene Aktentasche. An die Hände. Er hatte sie in Form einer Zange eng um die Kaffeetasse geschlungen, wenn er daraus trank. Als könnte sie sonst abstürzen, auf der Tischplatte landen. Nächstes Mal werde ich ihm ein Glas Kognak anbieten, dachte ich, während er mir gegenübersitzt und den dunkelblauen Anzug trägt.

Vom Fahrradunfall einer Kundin war die Rede gewesen. Die Firma wollte nur das Fahrrad, nicht aber die Krankenhauskosten zahlen. *Er* war's, der den Kopf hatte hinhalten müssen. *Ihm* fiel es zu, die Entscheidung der Firma an die Kundin weiterzugeben. Es kam zu endlosen Streitereien mit ihr. Der Ausbilder habe ihm zu verstehen gegeben, dass Ängstlichkeit und Unsicherheit den Menschen optisch verkleinern würden. Er hatte von *downsized* gesprochen. Ein Zustand, hatte der Ausbilder gesagt, der für Kundengespräche reines Gift sei.

Von Geburt an war er in den geradezu schicksalhaften Gedanken eigener Unscheinbarkeit verwickelt. Schlug sich damit herum, dass jeder andere Mensch unverwechselbarer aussehen würde als er. Sogar die Leute mit den Tüten vom Supermarkt. Die Mitbewohner im Treppenhaus. Die Kriminellen auf den polizeilichen Fahndungsfotos. Daran schloss sich die Sache mit dem »Umgekehrten Dermographismus« an: Wenn der Fingernagel über die Stirn fährt, hatte er mir erklärt, zeigt der Strich normalerweise eine rote Farbe. Bei ihm sei es eine weiße Linie. Anfangs hatte er noch an eine ungenügende Blutversorgung geglaubt. Immer auch mal wieder daran gedacht, kleine Tiere könnten unter die Haut gewandert sein. Auf einer Fotografie hatte er eine blutsaugende Milbe entdeckt. Sie hing, im Bernstein geborgen, an einer Mücke fest.

Irgendwann, Jahre später, fiel mir auf, dass die Zusendungen der Versicherungsgesellschaft eine andere Unterschrift trugen. Ein Gefühl der Besorgnis meldete sich, der Gedanke, es wäre dem bisherigen Vertreter etwas zugestoßen. Als unbeschwerten Rentner konnte ich ihn mir nicht vorstellen. Der Rentner passte nicht ins Bild eines Mannes, der sich einen *literarischen* Blick auf sein Leben gewünscht hatte. Aber in welches Bild passte er dann? In welche Form, die seiner Blässe, seiner Eigenschaftslosigkeit Raum gegeben hätte? Ein Niemandsland zeichnete sich ab, dann aber, jäh, wurde ein unscharf, verwackelt gezeichneter Umriss sichtbar. Ich hatte es nicht darauf angelegt. Nicht auf dieses von Einbildungen durchtränkte Schattenbild, das jetzt zu sehen war. Es glich dem riskanten, beklemmenden Umriss eines Engels. Ausgestattet mit der ihm eigenen

Gesichtslosigkeit, Weltenferne, irritierenden Unterbe-
stimmtheit. Mit seinem nicht enden wollenden Vor-
beigegangensein, seiner unauslöschlichen Anonymität.
Ihrer sanftmütig erscheinenden Dezenz mag es zuzuschreiben sein, dass sogar die Verbindung zum Ver-
sicherungswesen in ein neues Licht gerückt wurde; es
handelte sich um einen modernen Engel. Er breitete mithilfe von Versicherungsverträgen als Begleiter und Bei-
stand der Menschen seine Fittiche über ihr Leben. Er
beschützte sie vor Feuer und Regen, vor Diebstahl und
Baustellen und legte sich ins Zeug für sie bei Krankheit
und bei Stürzen über einen unbeachtet gebliebenen Bord-
stein.

MENSCHEN UND BLITZE

Wie ein Blitzschlag kann ein Ereignis uns treffen, kann vorstoßen zu verschütteten Enklaven unserer Einbildungskräfte, uns in Hohlräume des Realitätsgefüges schleudern. Die Plötzlichkeit des Einschlags stellt eine Forderung an uns, will eine Erfahrung mit uns teilen. Sie setzt auf unsere Wachheit, auf unsere Ermittlertätigkeit.

Im Zauberladen mit Charlotte Salomon

Für Micha Namenwirth

Auf dem Weg zur Kasse ergab sich im *Supermercado* ein kurzes Gespräch mit einem der Kunden. Gleich darauf begegnete man sich wieder, draußen auf dem Dorfplatz. Es war die Zeit kurz vor der *Siesta*, die kleinen Jungen durften jetzt Fußball spielen; da, wo wir standen und im Weg waren. Der energisch auftretende, beredte Mann berichtete von Schäden seines schlecht abgedichteten Hauses, kein Weinbauer von hier, wie ich gedacht hatte. Sondern der Herausgeber eines dreibändigen Werkes über die Rezeptionsgeschichte der Musik Gustav Mahlers; Micha Namenwirth, ein Musikwissenschaftler aus Wisconsin. An einem der nächsten Tage schaute er bei mir vorbei und hatte ein Geschenk mitgebracht. Ein Buch im Riesenformat. Beim Durchblättern sah ich auf Notenköpfe und Menschenköpfe, auf Körper, in Schriftzüge eingebettet oder filmisch in Bewegung gesetzt. *Leben? oder Theater?* von Charlotte Salomon.

Mr Namenwirth gab seinem Geschenk eine nachdrückliche Rede mit auf den Weg. Er suchte nach Worten, um mir das beispiellose Werk nahezubringen; seine historische und künstlerische Einzigartigkeit. Immer wieder hatte ich daraufhin den Versuch unternommen, mich näher mit ihm zu beschäftigen. Was mir eine ganze Weile nicht gelang. Überwältigt, überfordert von der bodenlosen Bewegungsfreiheit der Bildgeschichten, scheu diesem Werk und ihrer Verfasserin, ihrem Leben und Tod gegenüber. Nicht loskommend von der Tat des Denunzianten, der ihre Verhaftung in Frankreich in die Wege leitete, ihre Deportation nach Auschwitz.

Bescheiden, ernst sieht sie aus auf dem ersten Porträt, das ich von ihr entdeckte. Sie sitzt auf einem Stuhl, einfach so. Geradezu mustergültig unauffällig. Man denkt an einen Menschen, der in ein Stillleben hineinpräpariert wurde. Eines der Bilder zeigt den Vater, dem die Tochter in wilden Schriftzeichen davon berichtet, für die vorbeigehenden Passanten auf der Straße offenbar so gut wie unsichtbar zu sein. Sodass sie sich unverhältnismäßig eng an ihr vorbeidrücken würden. Mehrmals hätte man sie bereits achtlos angerempelt. Sogar die Angestellten wussten davon. Man umsorgte, man behütete die Tochter des Hauses. Sie schien sich selbst ein blinder Fleck zu sein. Als sei es ihrem Ich nicht gelungen, eine Lesart für sich zu finden. Anders auf ihren Bildern, sie fegen ihre Furcht beiseite, räumen sie in wilder Rage aus dem Weg.

Das Verlangen, der beklagten Unscheinbarkeit Paroli zu bieten, fällt zusammen mit der Erfahrung, als Jüdin auf einmal eine auffällig Gewordene zu sein. Die intensive Suche nach Ausdruck und Eigenart kreuzt sich mit dem Schrecken einer Gefährdung. Man erkennt es in den eng gefassten, überstürzt ins Bild gesetzten Texten. Buchstaben sind hier immer Großbuchstaben. Sie treten als Appelle auf oder öffentliche Ankündigungen. Aufgescheucht, fieberhaft. Manchmal füllen sie ganze Seiten aus, niemals absichtsvoll »ästhetisch«, sondern als selbstbestimmte Bekundungen. Ins Bild eingeblendete Wörter, den Bewegungen des Taumelns nachgeformt. Oder sich durchs Bild windend, der Blick kommt an ihnen nicht vorbei. Nicht an dem berstenden Übermaß an Farben und szenischen Einfällen. An den Merkmalen eines Weckrufes.

Beispielsweise bei dem nach vorne hin offenen, achtstöckigen Haus, es ist überbelegt, von einer Flut von Menschen bewohnt. Sie sitzen an einem Esstisch oder packen Koffer, stehen vor einem Spiegel, stellen einen Hocker ab. Alles auf einmal, alles auf einem einzigen Bild. Es herrscht der Eindruck, die Welt werde nicht mehr fertig mit den Menschen, von denen sie bewohnt wird. Kühn wird mit ihnen verfahren. »Wegen Überfüllung geschlossen«, so könnte man sagen. Die Menschen lehnen sich aus dem Rahmen des Bildes heraus, schauen ganz einfach über ihn hinweg. Das Gleiche mit dem Mobiliar. Bei Platzmangel wird es einer angemessenen Modellierung unterzogen, als wär's aus Gummi. Im schlimmsten Fall wird das Hausdach abgedeckt. Auch den Wörtern werden abenteuerliche Freiheiten zugesprochen, ein unbändiges, ein zügelloses Leben. Etwa so: Schokoladen-Müdigkeit. Kompositions-Huckepack. Kreuzottern-Gymnastik. Weltkugel-Person.

Mich haben ihre häufigen Besuche im Treptower Raritätenkabinett deshalb wenig erstaunt. Dort hat sie sich Rückendeckung für ihre Erfindungen geholt. Da gab es fliegende Papierschlangen. Einen Regenschirm, der nach dem Aufklappen aussah wie ein Nachttopf. Kleine Apparate, die eine astronomisch hohe Zahl sekundenschnell mit einer anderen multiplizieren konnten. Schuhe, die sich von selbst bewegten, die ganz von allein vorwärtsliefen. Alles stapelweise, alles maßlos. Ein mit Merkwürdigkeiten vollgepacktes Juxgeschäft. Wo man auch hinschaute, blitzte etwas auf, brach auseinander und verwandelte sich in etwas unvorhersehbar anderes. Um in den oberen Regalen herumwühlen zu können, musste man auf eine Leiter steigen. Dort gab es die Zigarrenschachtel mit den Havannas. Hielt man eine davon in der Hand, hatte sie sich schon in Luft aufgelöst, kaum, dass man sie mit dem brennenden Streichholz berührte.

Immer neue Zigarren, eine ganze Schachtel davon ließ sie verglühen. Konnte sich nicht daran sattsehen, wie sie vor ihren Augen unsichtbar wurden. Dieses Verschwinden ins Nichts war einer der Glanzpunkte in Treptow. Charlotte sprach davon wie von einem Wunder. Vielleicht, weil es sie an etwas erinnerte. Weil es für sie etwas Vertrautes, weil es ihr Leben war. Etwas war da und ging wieder verloren. Der Vater machte sich rar. Als Chirurg an der Charité, ein Pionier der Mammographie, war er auch zuhause nur am Schreibtisch zu haben. Auf den Zeichnungen erscheint er als Hüter seines Medikamentenarsenals. Noch eindringlicher das Erlebnis der abwesenden Mutter, weil von Heimlichkeit, von Vertuschung zugedeckt, eine Frau, die sich aus dem Fenster gestürzt hatte. Ebenso nicht erreichbar die mit einer goldenen Kehle ausgestattete neue Mutter. Der Konzertsängerin Paula Lindberg, glanzvoll, bühnensicher, fiel mit unausweichlicher Logik die Rolle des Störenfrieds zu.

Inszenatorisch genial, wusste Charlotte Salomon sich gut zu behaupten. In der Rolle des Racheengels machte sie sich an die Schallplatten des ungebetenen, neuen Familienmitglieds heran. In *Leben? oder Theater?* kann man ihren Einfall bestaunen, mit den Fingernägeln eine von ihnen zu Schrott werden zu lassen. Es trifft die heroische *Habanera* von Bizet (gut erhalten ist die alte Aufnahme abrufbar). Charlotte hörte nicht auf, die Nadel des Tonarms über die defekte Stelle zu führen. Wo sie hin- und hertrudelnd in der Rille festhing und mit langanhaltendem Getöse in Richtung Verhängnis und Untergang hörbar wurde. Hier hatte »die Liebe« keine »bunten Flügel« mehr. Dafür aber waren die Treptower Zaubereien zum Zuge gekommen. Die Göttermusik auf Schellack hatte sich durch den Fingernagel eines Mädchens in Windeseile in eine tönerne Ruine verwandelt. Sie ließ die »bunten Flügel« der Liebe nicht nur hängen, sondern zerbersten.

In seinem Zauber verheerend, ein anderes Bild. Die Sache mit der Wohnzimmerlampe. Sie steht mit ihrem hell leuchtenden Schirm vor einem großformatigen Porträt der Stiefmutter. Der Schirm ist direkt vor ihrem Kehlkopf platziert; wie verschmolzen mit ihm. Das Arrangement macht den Eindruck, der kleine Schirm wäre als künstliches Organ an die Stelle der Stimme getreten. Hier ist aus ihr ein durch Elektronik gewonnenes Imitat geworden. Große Oper, die in diesen Bildern ereignisreich zur Erscheinung gebracht wird.

Sie wird den Film *Der Mann mit dem Kinoapparat* in einem der großen Berliner Filmpaläste gesehen haben: Zauberläden auch sie. Dort sind nicht nur die Objekte mysteriös wie in Treptow, sondern vor allem die Menschen. Menschen, die nicht sprechen können. Umso größer ist der Einzugsbereich der Übertretungen und Alleingänge. Die Kamera, der *Kinoapparat*, zeigt seinen Eigentümer, wie er sich auf die Bahngleise legt, um einen Eisenbahnzug von unten aufzunehmen. Oder sich von außen an eine Trambahn hängt; in einem Auto stehend die Menschen filmt.

Aneinandergestückelt fängt das Kinoauge sie ein, in einer nicht enden wollenden Serie von Auftritten. In Zeitlupe und Vergrößerung. Eine von uneinholbarer Eigenmächtigkeit erfasste, außer Kontrolle geratene Ethnie wird erkennbar. In der Kunstakademie hatte man Charlotte Salomon die Aufgabe gestellt, einen Kopf zu zeichnen. Aber das war ihr nicht genug. Der Stift zeichnete noch einen und noch einen, machte weiter. Eine ganze Kopf-Serie war daraus geworden. Sequenzen von Gesichtern. Von Körpern. Körperketten. Männer, Frauen, Paare, Menschenansammlungen; getunkt in Tupfen und Tropfen von Farbe, in Farbendespotie. Unübersehbar. Alle unter einem Himmel, der sich nicht auftun will.

Da konnte ein bisschen Hokuspokus nicht schaden; ein verstärkender Effekt. Da galt es, alles herauszuholen aus dem, was da war. Auch aus dem, was es gar nicht gab. Eventuell nicht einmal das Leben. Ungekonnt, wie es war. In seinem Herumhandwerken, seiner sich aufspreizenden, ungelenken Geschäftigkeit. Ungebeten machte es von sich reden und war sich selbst eine unbekannte Größe geblieben. Ihm zu trauen erschien aussichtslos. Es reichte nicht, in Augenhöhe mit ihm zu sein. Man musste dieser halbfertigen Unternehmung zeigen, worauf es ankam. Musste aus dem Rohmaterial Funken schlagen. Musste diesem Gefälle von Geschichten, Gliedmaßen, Gesten das große Porträt anbieten, den gekonnten *cut*, das szenische *know-how*.

Der Beutezug dieser Künstlerin kennt kein Tasten, keine Suche. Nur äußerste Entschlossenheit. Sieht man es diesen Bildern nicht an, das Verlangen, in ihnen ein Überleben zu finden? Ein Weiterexistieren? Zukunft? Es könnte den Elan erklären, mit dem hier ein Gedächtnis Schätze an Land zog. Sie müssen ihrer Erfinderin vor den Augen gebrannt haben.

Frage Jean Genets an den schwindelfreien Seiltänzer:
»Und wo hast du deine Wunde?«

Die Pfeifenorgel ist eine Pfeife. Es ist dieses Foto. Der Junge entdeckt es in einem Lexikon. Es zeigt einen Mann im schwarzen Frack, der vor einer Kinoorgel sitzt. Bis heute denkt er daran, versichert Cameron Carpenter. Immer, wenn er eine Bühne betritt und auf eine Orgel zugeht. Er läuft direkt hinein in das Foto, in die verlockende Verschworenheit zwischen dem Musiker und seinem Instrument.

Pythagoras von Samos hatte beim Besuch einer Schmiede die theoretischen Grundlagen der Musik aufgedeckt. Es waren die verschiedenen Tonhöhen der riesigen Eisenhämmer, die ihm dabei halfen. Vater Carpenter, ein Ofenbauer in Pennsylvania, weiß davon nichts, als er seinem musikalischen Sohn eine Hammondorgel spendiert und sie aus Platzmangel in seiner Schmiede aufstellt.

Dort wird auf die glühenden Konstruktionsteile riesiger Öfen eingeschlagen. Im Lärm der Eisenhämmer spielt der Junge zur Unterhaltung auf. Der Favorit bei den Schweißern und Schmieden sind die *Goldberg-Variationen* von Johann Sebastian Bach. Ihr phonetisches Eigenleben, die Ordnung der Klänge, die Systeme der Tonbildung platzen mitten hinein in den Radau. Der Junge kann nicht genug davon kriegen.

Sein Name erreicht im Internet heute über sechzig Millionen *links*. Marcel Proust hat fast fünfzig Millionen weniger, und Virginia Woolf liegt in der Mitte von beiden. Die *New York Times* vergleicht ihn mit König Midas. Was er berühre, verwandele sich in etwas Phantastisches und Unvergessliches, schreibt sie über Carpenter. Der Erfinder der »mikropolyphonen Musik«, Terry Riley, komponiert ein Orgelkonzert mit dem Titel *At the Royal Majestic*, Solist der Weltpremiere ist Cameron Carpenter.

Ihm nachzusagen, er würde die Orgelbänke in den Gebetshäusern meiden, wäre eine Untertreibung. Er geht auf die Barrikade, um den kirchenmusikalischen Hokuspokus um das beweihräucherte Tasteninstrument ein für alle Mal loszuwerden. Morgens ist er mit seinen Trainingsgeräten beschäftigt, tagsüber mit Kompositionsarbeiten und Orgelspiel. Und vierundzwanzig Stunden am Tag mit dem Gedanken, dass ein Musiker wie er als ein Wesen erschaffen wurde, das in verschiedenen Zeitzonen gleichzeitig existiert.

Das aber ist mit der beschwerlichen Pfeifenorgel einfach nicht hinzukriegen. Carpenter bezeichnet sie als dumm, fett und alt. Kurz gesagt, als *a waste of life*. Ein Pfusch, eine Fehlkonstruktion. Man kann es als eine Schwäche bezeichnen, dass die Hörbarkeit der Töne einen Umweg machen muss. Dass sie erst im Luftstrom der Pfeife akustisch abrufbar ist. Carpenters Fazit: Die Pfeifenorgel ist eine Pfeife.

Die Firma Marshall & Ogletree in Massachusetts wird beauftragt, ein Instrument ohne Leerlauf, ohne Umweg und Wartezeit zu bauen. Jahrelang hat's gedauert, bis das von Hochleistungsrechnern gesteuerte Glanzstück der Elektronik fertiggestellt ist. Es erhält den Namen »International Touring Organ«; auch ITO genannt. Wenn in Hongkong oder Sofia vor Konzertbeginn ein Problem auftritt, kann es von Massachusetts aus behoben werden.

Gottes Stimme. Die Mobilnummer der Agentin finde ich im Internet. Ich möchte ein Carpenter-Porträt schreiben, sage ich zu ihr. Er werde nach Auftritten in Madrid, San Francisco und Melbourne, so erfahre ich, mit seiner Orgel im Wiener Konzerthaus gastieren. An diesem Abend springt bedauerlicherweise für den geplanten Text nichts heraus. Ich habe nur Augen und Ohren für den Eigensinn der musikalischen Bravourleistung, für den in eine auffällig gemusterte Seidenjacke gekleideten Star. Meine hingekritzelten Notizen pendeln, geistern zwischen Argwohn und Faszination.

Hände stürmen, sprinten über die Tasten. Ein aus dem Gottesdienstmilieu herausgehämmerter Tonraum. Blitzblank abgetragenes Gebiet. Abserviert. Die Orgelhaftigkeit der Orgel, »Gottes Stimme«: Bleiberecht abgelaufen! Gegen Saltotechnik ausgetauscht! Füße in Lichtgeschwindigkeit. Rasend über die Pedale. Fünf mitgerissene Manuale. Hände in Sturzbewegungen, Registerwechsel in Nanosekunden. Jeder Ton von ver-

schleißfreier Gegenwärtigkeit. »*Nicht Gott, sondern ein binärer Code!*«, *sagt diese Musik.*

Der Code bedient sich eines kühlen, eines leicht ins Quenglige abgleitenden Tones und nimmt einen cockpitartigen Spieltisch in Besitz. Er reißt Hände an sich, eigenständige, vom Körper losgelöste Wesen, die über Kerzen, Kanzeln und Kruzifixe wie blaue Wunder hinweghuschen. Und Füße, die anatomisch Neuland betreten. An der New Yorker Juilliard School hat der dort ausgebildete Stepptänzer Carpenter gelernt, den vorderen Teil des Fußes und hinten die Ferse als voneinander unabhängige Werkzeuge einzusetzen. Das macht aus dem Gebrauch der Pedale ein Virtuosenstück.

Mit wem, bitte schön, so fragt sich dieser wundersame Musiker aus Andersens Märchenwelt, können meine Zuhörer die interessanteren Erfahrungen machen? Mit Jesus Christus, ihm dabei zuschauend, wie er am Kreuz hängt. Oder mit mir, der ich an meiner ITO mithilfe ihres Registerreichtums machen kann, was ich will; Kirmesorgel oder Kirchenorgel. Die eine für die *Annen-Polka* von Johann Strauss, die andere für die b-Moll-Fuge von Bach aus dem *Wohltemperierten Klavier.*

Ein von Knöpfen und Tasten vollbesetztes Schaltpult ist zu sehen. Man schaut genauer hin und entdeckt das Halbrund einer vielfarbig kolorierten, aufgeklappten Muschel. Fast unvermeidbar ist der Gedanke an die Flügelaltäre der Gotik, etwa im österreichischen

St. Wolfgang oder im brandenburgischen St. Gotthardt. Wie Flanken umschließen deren Seitenteile die sich ihnen nähernden Gläubigen.

»Ich bin kein Angestellter der Komponisten«, sagt Carpenter und denkt dabei an die ungelenke Eigenschaft der Musik, auf Notenblätter, auf den Innenseiten würdevoller Partituren festgenagelt zu werden: Mitbringsel einer schwerfälligen Historie. Die ITO-Tonkunst geht aus dem Diesseits eines fotografischen Gedächtnisses hervor. Die Fehlerquote lag bei null, als der Elfjährige auf der Kinoorgel Bachs Variationenwerk zum Besten gab.

207 Register hat die amerikanische Orgelfirma dem Instrument mitgegeben. Ihre Werbeunterlagen weisen auf die Beschränktheit der menschlichen Einbildungskraft hin. Kein Mensch wird die Masse der möglichen Klangkombinationen je bewältigen können, versichert das Unternehmen. Ihre Anzahl umfasst 191 Ziffern, deren klangliche Umsetzung 127000 Jahre dauern würde. Der richtige Moment, um an Sisyphos zu denken. An seinen Felsblock. Sein Pathos. Sein Leistungsvermögen. An die Endlosschleife des Versagens. Und der Vergeblichkeit.

Kinoorgel. Im Babylon zeigt man Ruttmanns Stummfilm *Berlin – die Sinfonie der Großstadt* von 1927. Gleichfalls in den späten zwanziger Jahren entstanden: die hauseigene Kinoorchesterorgel. Sie kann Glocken läuten lassen und den Klang von Xylophon, Becken,

Pauke und Trommel hervorbringen. Pünktlich, nach Ende des Vorspanns hat Cameron Carpenter vor der Tastatur Platz genommen. Auf der Leinwand ist Dörfliches zu sehen. Es breitet sich flächig aus mit kleinen Seen und Wiesenstücken. Noch ist es früh am Tag. Noch wirft der Film dunkle Bilder in den Saal.

Angekommen in der Stadt, machen die Häuser den Eindruck, als würden sie schlafen. Eine Katze überquert die Straße. Hat man je ein einsameres Tier gesehen? Zwei Schutzleute kommen ins Bild, in aller Ruhe in ein Gespräch vertieft. Sie könnten auf dem Nachhauseweg sein, wie Spaziergänger schlendern sie übers Trottoir, das kein Ende nimmt. Man geht an einer völlig verhedderten, verzogenen Jalousie vorbei, die schief in einem Fensterrahmen hängt. Irgendwann mal waren ihre Lamellen wie mit dem Lineal gezogen und ohne Staubschicht gewesen.

Schon vorbei. Der Tag kommt mit Fahrzeugen ins Bild. Mit seinen Stadtbahnen, Fahrrädern, Leiterwagen und Automobilen, ein Puppenwagen ist zu sehen. So gut es geht, zieht ihn ein Mädchen über ein paar steile Steinstufen nach oben zum Hauseingang. Zuvor hatte es unter dem kurzen Kleid mit einem schnellen Griff den ausgeleierten Saum des Strumpfes patent zu einem Knoten zusammengeknüpft. Zwei Details, über die Leinwand streifend, eine biographische Bilanz.

Andere haben einen größeren Batzen an Fasson und Daseinsweise erwischt. Im Grunewald kommen temporeich ein paar Reiter ins Bild. Ein *jump cut* setzt sie wie aus dem Nichts vor mir ab. Von der Höhenlage der Pferderücken aus blicken sie zu mir herunter wie von einer Empore. Ich glaube sie vor mir zu sehen, sechs Jahre später. 1933. Etabliert in Reichskanzlernähe.

Das kantige Schwarzweiß ihrer Erscheinung bleibt in der Luft kurz stehen. Dann, zurück im städtischen Trubel, beugt sich, das ganze Bild einnehmend, ein Gesicht im Profil über eine Zigarette. Es ist James Joyce, er *muss* es sein. Der Hut, breitkrempig, der unverkennbare Blick durch die randlose Brille. Er starrt, aus dem Filmbild heraus, neugierig zu uns, den Zuschauern, hinüber, erstürmt die vierte Wand, kassiert sie ein.

Schon eine ganze Weile sitze ich vollkommen reglos da. Weil ich alles dafür tun möchte, um die Leinwand nicht durch eigene Lebensäußerungen zu stören? Bilde ich mir etwa ein, durch eine hundertprozentige Unauffälligkeit Teil dieses anderen, geheimen Lebens zu werden? Und mich auf diese Weise den schneeweißen Gesichtern in ihrem Kommen und Gehen näher zu bringen? Rede ich mir tatsächlich ein, ich könnte die bewegten Münder, ihr lautloses Sprechen besser verstehen, wenn ich wie versteinert stillhalte? Selbst möchte ich nur ein kleiner, unbemerkter Punkt in dem großen Geschehen sein. Einer Gesellschaft von Geheimnisträgern zugehörig.

Jetzt erst fällt mir auf, dass ich den Organisten aus den Augen verloren habe. Seinetwegen bin ich hier, um mich, mit neuem Material eingedeckt, anschließend an den Schreibtisch setzen zu können. Es war mir doch vor allem um ihn gegangen, den ITO-Tüftler, den algorithmischen Ekstatiker. Ich habe ihn wie Luft behandelt. Atemluft, denke ich im selben Moment. Dort, seitlich platziert, sitzt er im Halbdunkel, etwas entfernt von den Sitzreihen des ausverkauften Saales. Der Blick ist auf die Leinwand gerichtet, die Hände bewegen sich über die Tasten des Instruments. Ihr eiliges Auf und Ab ist gut zu erkennen. Schon bin ich wieder bei den stummen Bewohnern der zwanziger Jahre. In Rufnähe sind sie zu sehen, aus allen Ecken und Enden zusammengekommen. Großstadtbewohner. Verkehrsteilnehmer. Und Zuhörer: synchron bewegt und belebt vom Sprachklang der Kinoorgel, als könnten sie ihn hören.

Er sei in dunkler Nacht im Wald zu Pferde gewesen, als die Stimme des Postsergeanten, kaum dass er ins Lager zurückgekehrt sei, einen Brief »aus Algerien« ankündigte. Auf einem Baumstamm sitzend, habe er begonnen, an sie, die Reisegefährtin mit den herrlich langen Wimpern, einen Brief zu schreiben. Im Hintergrund der Regen, das Stöhnen der Verletzten, das Sterben bei Perthes, während an diesem Tag nur ganz vereinzelt eine Granate über den Unterstand pfeift, *zm pamm*, eine deutschösterreichische 88er explodiert, vier Schritte von ihm entfernt, und er, inmitten von Krach und Todesgefahr, nicht anders kann, als ihr zu sagen, dass er oft, ja sehr oft an sie, die kleine, zauberhafte Afrikanerin, habe denken müssen, die ihn nun mit ihren delikaten »Geschossen«, den herrlichen Zigarren, in Brand gesetzt hat.

Seine Briefe sind bei Gallimard erschienen, mehr als zweihundert. Die Briefe der jungen Lyzeumsangestellten sind unbekannt. Zwischen Nizza und Marseille hatten sie sich im Zug gegenübergesessen, miteinander geredet, sich gemocht. Er, ein Brigadier des 38. Artillerieregiments, ein Unteroffizier der Kavallerie, auf der Fahrt an die Front. Sie, eine Dozentin für Literatur, auf der Rückreise nach Oran zu ihren Verwandten: ein für die Nachwelt *unbeschriebenes Blatt*, anwesend nur als Abbild, Reflex des zügig formulierenden Absenders. Glücklicherweise ist es der aufregendste Dichter Frankreichs. Guillaume Apollinaire.

Noch höflich die erste Feldpostsendung. Mit einge-
wobener Verheißung und dem Ausblick auf ein durch-
greifendes Gefühlsinferno. »Mademoiselle, erinnern Sie
sich an mich, damals zwischen Nizza und Marseille
am 1. Januar!« Eigentlich eine Frage, dann aber von
einem energischen Ausrufungszeichen einkassiert. Natürlich erinnern Sie sich an mich, ich meinerseits tue
es ja auch, sagt das Ausrufungszeichen. Das »damals«
lässt an das zündelnde Mysterium der Unvergesslich-
keit denken. Und der Hinweis auf ein »zwischen« Nizza
und Marseille an den einladenden Hinweis auf unbe-
festigtes Gelände. Zu eroberndes Neuland. Gleich wird
er wieder in einem Schützengraben knien. Ein freiwil-
liger Kriegsteilnehmer, er friert, er wird verletzt, er
kämpft und tötet, er zählt die Schüsse, die er den Deutschen verpasst. Er macht sich Gedanken über Racine
und d'Annunzio, er schreibt Gedichte und schreibt an
Madeleine. Schließlich, fiebernd: »Ich liebe Sie, als hätte ich Sie selbst erschaffen.«

Im Hin und Her wechselseitiger Verzückungen wird
sie zur engagierten Mitspielerin; lässt ihn von sich träumen, hält das erregende Spiel am Laufen. Das alles er-
rät man aus seinen Briefen, entnimmt man der Wucht,
mit der hier eine vulkanisch befeuerte Libido nach Worten sucht. Und sie findet. Jedenfalls weist die deutsche
Briefausgabe unzählige Male darauf hin, notwendig gewordene Kürzungen seien dem »allzu unverblümten Stil
gewisser Stellen« zuzuschreiben. Die Schaustellungen
des nimmermüden Waffenträgers kann man als atem-
beraubend bezeichnen. Es gibt den *coolen*, effizient ar-

beitenden »Geschützführer«, wie er sich in einem seiner Gedichte nennt. Den bei Frost im Schützengraben übernachtenden Stressbewältiger. Den, sobald sich eine Gefechtspause ergibt, hingebungsvollen Genießer luxuriöser Zigarren. Vor allem aber den Hexenmeister des Wortes, der sich der fernen Geliebten »im Bunker bei der Kanone« präsentiert. Oder mit den Kameraden »seinen Fraß teilt und ihre herrliche Begeisterung bestaunt«. Er ist allhier: ein flächendeckendes, in Wort und Tat rund um die Uhr anzutreffendes Heldenporträt.

Es war dieses Zuviel, das mich mobilisierte, das Ungleichgewicht, es strapazierte meinen Gerechtigkeitssinn. Die Mitteilung Apollinaires, »sobald ich kann, lasse ich mich mit dem Helm fotografieren«, brachte das Fass zum Überlaufen, machte Platz für Madeleine Pagès. Ihr Name erhob einen Anspruch, legte Einspruch ein. Nun schon seit 1915 war sie nicht mehr als eine anregende Begleitfigur gewesen, eine seit hundert Jahren währende Zumutung. Ich würde Mittel und Wege finden, sie sichtbar werden zu lassen. Es wurde Zeit, sie aus ihrem Versteck hervorzuziehen.

Drehbuch. Roman. Theaterstück, ein Monolog. Ich tastete Mittel, Möglichkeiten ab. Welche Gerätschaften könnten dem auftrumpfenden Weltkriegskämpfer Paroli bieten, einer Nibelungengestalt, die mit wilden Bildern um sich warf? Die vor dem Hintergrund von Wald, Gewalt und Gedicht mit der gleißenden Gelungenheit der Wörter Furore machte? An *sie* gerichtete Wörter: subkutan zuschnappend und eine Von-Kopf-bis-Fuß-In-

besitznahme fordernd. Wörter, schon auf dem Weg –
nach *Le poète assassiné* und *Calligrammes* – in der
Montur der Unsterblichkeit aufzutreten.

Was blieb unangetastet noch zurück von Madeleine,
nachdem sie sein Gedicht *Les neuf portes de ton corps*
vom 21. September 1915 gelesen hatte? Es bewilligt
seinem Verfasser, neunfach in ihren Körper einzudrin-
gen, sich Einstiegsstelle für Einstiegsstelle schwelge-
risch vorzunehmen, ein grandioses Poem! Aber wie
viel eigenes Leben war ihr nach dieser Orgie geblieben;
spürbar genug, um einen Ausdruck dafür zu finden?

Eine Bühne ohne Ende für Madeleine, dachte ich mir.
Zwischenraum und Zufluchtsort in einem. Vom Licht-
einfall her wie ein nächtliches Schiff angestrahlt. Eine
Spielstätte jedenfalls, die den regelmäßig eingehenden
Nachrichten von der Front einen aberwitzigen Ton entge-
gensetzen würde. Ausgangspunkt dafür könnten eine
Reihe bühnenreifer Partien der Feldpost selbst sein. Etwa die Szene am morgendlichen Frühstückstisch, die
den diensteifrigen Kriegsteilnehmer in Gourmetlaune
zeigt und dem zuständigen Koch die Ehre erweist. Ein
Mann, so heißt es, der weiß, was ein guter Kaffee ist.
Hin und wieder kämen ein paar Delikatessen aus Frankreich auf den Tisch. Käsespezialitäten. Liköre. »Und
dann«, nach den Mahlzeiten, heißt es kurzerhand, »wird
geschossen oder gelesen.« Oder herumgemäkelt. »Böse
Madeleine, ich bin verärgert. Lassen Sie das Schreiben
einige Tage sein.« Der Faden der Verführung wird wieder aufgenommen mit den Worten: »Ihre Lippen wer-

den unter meinen Küssen bluten.« Und: »Meine Löwin«, »Sklavin«, »mein geliebtes Werk«. Er bietet ihr die Verlobung an, dafür lädt sie ihn postwendend ein zu sich nach Oran. Mein Theaterstück würde keine Madeleine mit roten Wangen zeigen, keine begeisterte Braut. Keine vor Erwartung kopflos Berauschte, die einem Kometen entgegenfiebert (der bekanntlich aus Eis, Staub und lockerem Gestein zusammengesetzt ist). Eher eine sich austobende, eine die Widersprüche ihres Herzens monologisch abfeiernde Braut. Oder sogar eine schon das Geschehen vorwegnehmende, eine blasse Braut. Der Monolog würde harte Schnitte setzen. Hingabe sich kreuzen mit dem Wunsch, ihn zum Teufel zu jagen, den Mann im Feld. Ihm eine Kugel an den Hals zu wünschen. Die Bühne würde kein Schiff mehr sein, sondern ein Verschlag. Ein rettender Rückzugsort, an dem sich Madeleine ein Leben lang das Wiedersehen ausmalen würde. Wie es gewesen wäre, dem Hasardeur noch einmal begegnet zu sein.

In der Wirklichkeit, dem dreckigen Rest, aber eben auch dem Kern der Ereignisse, hat sie nicht widerstehen können. Der Besuch des angereisten Bräutigams ist ein *flop*. Das Drama geht von ihm aus; wie alles in dieser Geschichte. Überraschend abgekühlt steht er vor ihr. Ein bodenständiger, etwas feister, etwas kurzbeiniger Urlauber teilt ein paar Tage und Nächte mit seiner Verlobten. Man trifft sich im Kreis der jüngeren Geschwister, wohnt in der hübschen Villa der verwitweten Mutter. Zwei Fotos beweisen das Dilemma. Wenn *sie* lacht, schaut er grimmig, wenn *er* lacht, zeigt sie ein unbewegtes Gesicht. Bilder, die seine letzten Briefe vorwegnehmen. Sie möge sich um Gottes willen nicht nach Paris bemühen, ihm keine traurigen Briefe schreiben und freundlicherweise baldigst jenen Ring und jene beiden Aquarelle und auch jene ganz bestimmten, für seine Arbeit wichtigen Notizen zurückschicken.

Stoff genug für ein Stück über Madeleine. Dazu ist es aber nicht gekommen, ich hab's nicht zustande gebracht. Dafür bin ich dann – wie heißt es, »ich sag's, wie's ist« – bei ihrem Gegenüber hängengeblieben: bei dem kriegsmüden, bald darauf an der Spanischen Grippe verstorbenen Dichter. *Abendlandleben oder Apollinaires Gedächtnis* heißt das Stück. Aber hier, in diesem Text, der den Titel *Eine Bühne ohne Ende* hat, ist Madeleine Pagès das Herz und der Hingucker, *er* liefert nur die Pointen.

Im Rausch von der Leinwand gepflückt

Sie konnte nicht anders und nahm erschrocken
Partei für die Leichtsinnigen. Studierte ihr Anderssein,
forschte ihre Labyrinthe aus. Dann glaubte sie
die eigene Haut kostbarer, das Herz schöner gefärbt.

Ich hielt nicht viel von der Schwärmerei meiner Mutter fürs Kino, für seine Schauspielerinnen und Schauspieler. Es kam mir wie eine undichte Stelle in ihrem Gefühlsleben vor. In ihren Erzählungen schwang ein Ton mit, der mich ungeduldig machte. Aus irgendeinem Grund hörte ich ihnen nur widerwillig zu.

1980. Dann aber, viele Jahre später, nehmen sie eine überraschungsvolle Bedeutung an: Die Kinoerlebnisse der Mutter sollen in mein Buch *Die Fröste der Freiheit* aufgenommen werden. Ich reserviere im Frankfurter Mercator-Hotel für die aus Berlin Angereiste ein Zimmer. Hotelbuchung, Tonbandaufnahme und Teamarbeit geben der Situation einen geschäftigen Anstrich, den *coolen* Charakter einer Inszenierung. Nichts anderes zählt in diesem Raum als die von uns getroffene Entscheidung, ein unbekanntes Skript, die Erinnerungen meiner Mutter, ans Licht zu ziehen.

Abenteuerliches findet statt. Mir werden hier keine *stories* aufgetischt, keine Schwindeleien. Sie hat ganz einfach die Drehbucherfindungen zu ihrer Wirklichkeit gemacht. Die Risiken ihrer Unternehmungen auf ihre

Kappe genommen. Sie hat gekämpft und Tränen vergossen und mit Frackträgern und Ganoven ihr Schicksal geteilt; einheimisch im Kerngebiet der begehbaren Bilder.

Und ohne dass sie sich je als Ersatzspielerin, als Double gesehen hätte. Viel eher ist sie eine Virtuosin der »zweiten Naivität«. Eine vorsätzliche Mittäterin. Spricht und sieht sich selbst bei ihren Manövern zu. Dabei gibt sie den Blick frei auf ein »offenes Kapitel« in ihrem Werdegang von der Schülerin zur Mutter. Sitzt vor mir und berichtet davon, dass sie am Tag nach dem Kinoereignis die Schulfreundin von speziellen, unwiderstehlichen Szenen in Kenntnis setzte. Die Freundin hatte aber im Kino neben ihr gesessen, kannte also den Film. Aber eben nur von der Leinwand her. Nicht im Ton und Klang, wie sie der Mutter zur Verfügung standen. Bei ihr hatten die Kinoszenen über Nacht ein Depot gebildet. Sie hatten eine zweite Fassung, eine neue Lesart ausgebrütet; ein stürmisches Eigenleben angenommen.

Herzensbrecher Willy Fritsch, schreckerstarrt und auf der Flucht, versteckt sich in einem Eisenbahnabteil. Sprachlos noch, 1928. *Spione* hieß der Film. Er wird entdeckt, angeschossen, da hat man die Mutter ohnmächtig aus dem Kinosaal tragen müssen. Auf einer Bahre, der Vorführer musste unterbrechen. Die Freundin war verschüchtert neben dem Trupp der hilfreichen Angestellten hergelaufen. Ihr tischte die Mutter wortreich am nächsten Tag eine andere Geschichte auf, präsentierte sich als hingebungsvolle Gefährtin des schwerverletzten Bahnreisenden Fritsch. Ohne Ende ihm Trost zusprechend, so berichtete sie der Freundin. Mit der Hand ihm über Stirn und Wangen streichend. Ungezählte Stunden an seiner Seite verweilend.

»Ganz zu schweigen von den Frauen.« Ich frage: »Was ist mit den Frauen?« Start eines neuen Kapitels. Auftritt der Renitenten. Der Kaltherzigen, Faszinierenden, Bösen. Brigitte Helm zum Beispiel, die Heldin aus *Metropolis*. Eine Schlange mit »gelben Augen«, sagt die Mutter. So, in diesem Ton, habe ich sie noch nie sprechen hören. So entschieden, so sicher im Umgang mit einer Unangemessenheit. So intim. So auf einer Wellenlänge mit den Augen einer Frau, deren Farbe auf eine Viper hinweist, auf Gift, auf Eiter und Eigelb. Auf Dinge, die man nicht in seiner Nähe haben will. Pola Negri, eine Hexenmeisterin, sagt sie in diesem Moment. *Mazurka* hieß ihr Lied, sie sang es, sie tanzte es, sie *wurde* das Lied. Eine verkörperte Erbarmungslosigkeit. Die, die ihr zuhörten, konnten nicht anders, als sich Tage und Nächte in Grammophonnähe aufzuhalten. Frauen wie sie sind meiner Mutter die liebsten, so wie es aussieht. Elisabeth Bergner gehört auch zu ihnen. Gutherzig, sanftmütig auf den ersten Blick, in Wirklichkeit aber eine Kaputtmacherin. Aber eine begnadete Kaputtmacherin. Sie habe diese Frauen studiert, sagt die Mutter. Es seien Wesen »ganz für sich«. Lebewesen, so gesehen, die anders ticken. Mit Empfindungen, deren Ursache im Dunkeln bleibt.

Was aber ist mit *ihr*, was bewegt sie, die Mutter? Ungefiltert kommt mir ihre aus Fernweh, Pathos, Hochgefühl und Versagung geschaffene Welt entgegen. So weitgehend hat sie mich noch niemals dorthin mitgenommen. Mich noch niemals auf eine so drastische Weise ins Vertrauen gezogen. Wir beide sind nicht mehr *en famille*, tatsächlich nicht mehr als Tochter und Mutter beisammen. Eher wie zwei Freibeuterinnen. Wie sie ihr unter die Haut gehen, die Kaltblütigen, die gnadenlos Rabiaten, die Verwegenen. Und mit ihnen ihre belebende Subtilität. Gesichtet, verstanden. Die Mutter vertraut ihnen mehr als dem charakterfesten Formgefühl der verehelichten Dame. Weil Anderssein, so, wie es sich in den stummen Bildern aufrührerisch zeigt, mehr hergibt. Und zulässt.

So, wie die Mutter darüber spricht, könnte es sich um Naturaufnahmen handeln, um Schwarzweißfotografien der weiblichen Seele. So betrachtet, wäre die Leinwand Schauplatz eines stillschweigenden, noch unbekannten Wissens. Ort einer Erfahrung, die woanders nicht zu haben ist. Auch nicht in der Literatur. Nur im Verschwinden und Untertauchen, im Auf und Ab zwischen Licht und Dunkel. Sichtbarer, fassbarer auf ihre Weise als die ganze Wirklichkeit zusammengenommen.

2000. Ein Hamburger Verlag plant die Neuveröffentlichung der *Fröste der Freiheit*. Auf meinen Wunsch hin ohne das Gespräch mit der Mutter. Seinen Platz nimmt ein Essay über die französische Dichterin Marguerite Duras ein. Ich bin eine Verräterin. Es gibt keinen einleuchtenden, vernünftigen Grund für meine Entscheidung. Ich habe nichts anderes vorzuweisen als eine Irritation. Als ein brenzliges, angespanntes Gefühl, wenn ich an unser damaliges Gespräch denke. Als hätte sich eine Risikozone ins Blickfeld geschoben. Der Gedanke taucht auf, die Beschreibungen der Mutter könnten, so viele Jahre nach ihrem Tod, eine Tarnung abgeworfen haben. Es könnte der Sinn ihrer Worte näher gerückt sein. Und hörbar werden, was sich hinter dem Spektakel von Tonbandaufzeichnung und Buchbeitrag abgespielt hatte.

Die Stimme erschien mir jetzt umwegloser, unumwundener, sie kam direkt aus meinem Gedächtnis. Eine Innenweltstimme, zuständig, so jedenfalls verstand ich sie, für »Elementares« und »Ewiges«. Sie gab mir zu verstehen, dass die Mutter ein Leben führte, wie es nicht hätte sein dürfen. Das ihr angemessene Leben war nicht das, was wir ihr hatten bieten können. Es spielte sich irgendwo anders ab. Unvorstellbar, dass die Kreationen in Schwarzweiß, mit denen sie so vertrauten Umgang hatte, nicht Maßstäbe gesetzt hatten für das, was ihr Leben hätte sein sollen. Wer auf die ganz großen Ereignisse, die einzigartigen Schicksale spezialisiert war so wie sie, hatte sich doch selbst wenigstens annähernd etwas Vergleichbares erwartet.

So gesehen, mussten ihr zwangsläufig die Durststrecken ihres Daseins wie Höllenhunde ins Gesicht gesprungen sein. Die Einschränkungen und Verzichte. Die Beschönigungen, Selbsttäuschungen, die sie hatte ins Werk setzen müssen. Es hätte für sie keine Kochtöpfe, keine Kartoffelernten, keinen Ziegenstall und keine Marmeladenkocherei geben dürfen. Es hätte keinen Krieg geben dürfen. Es hätte für sie eine Zeit geben müssen, die ihr ein großes Leben erlaubte. Der Gedanke war schmerzhaft. Die Mutter erschien mir auf einmal wie ein von mir abrückendes, nach Auswegen für sich suchendes Wesen. Wie eine Inkognito-Mutter: auf der Flucht, unbekannten Verhältnissen entgegengehend. Mich bestürzte jetzt die muntere Selbstverständlichkeit, mit der ich damals unser Gespräch zur Veröffentlichung freigab. Dieses Beweisstück der Geständnisse und Entsagungen, ja, es musste unter Verschluss bleiben.

2020. Und wenn ich mich noch so anstrengen würde, noch mal und noch mal von vorn anfinge. Ich würde den Weg nicht wieder finden, die Etappen der vielen *links* nicht rekonstruieren können. Auf der Suche nach irgendeinem Filmtitel zeigt sich unser Gespräch von damals, der Text der Erstveröffentlichung, gescannt, ungekürzt verlinkt, vor mir auf dem Desktop meines Rechners. Der unerwartete Internetfund hatte etwas Bewegendes, etwas Ergreifendes an sich. Wie gut ich mich an die Schilderungen der Mutter erinnerte! An die Heftigkeit der Enthüllungen, den Ton und Sog der Dringlichkeit, den widerspenstigen Duktus des Sprechens. An das Gefühl, es mit einer Mutter zu tun zu haben, die auf dem Absprung ist.

Noch einmal begegne ich ihrer Vernarrtheit in die Magie der Filmleinwand, führt sie mir ihre Betörtheit, ihre offenherzigen Exaltationen vor. Ihr Verlangen, hinüberzureichen in die Endlosigkeit eines Tagtraums. Noch einmal erlebe ich die Ungeniertheit, mit der sie die umschwärmten Darstellerinnen und Darsteller als Mitbewohner ihrer eigenen Biographie einbürgert. Ein Bilderkanon, der nach Räumen des Entkommens sucht. Nach Schnittstellen eines Ausbruchs. Nach der Möglichkeit, das alles sich im Rausch von der Leinwand zu pflücken.

Zum ersten Mal erkenne ich aber auch, wie unübersehbar in die Beschreibungen der Mutter die Existenzkrisen des Landes vordringen. Es werden Streiks und Volksküchen erwähnt, Inflation und Arbeitslosigkeit, es wird vom »Elend in dieser Stadt« gesprochen. Und wie sehr man sich wünschte, abzutauchen, die Flucht einzuschlagen. Sich in das »herrliche Leben« am Kurfürstendamm mit seinen »Revuetheatern, Kabaretts und Kinosälen« zu stürzen. Dieser Blickwinkel war mir entgangen. Hier spricht nicht die Lettehaus-Schülerin mit ihrem Blick fürs Visionäre. Hier holt sich die erwachsene Zuschauerin im Kinodunkel Wunschbilder, Traumwelten ab.

Unser Gespräch in seiner etappenreichen Geschichte, seinen Richtungswechseln, seiner ganz eigenen Dynamik brachte mich auf einen gewagten Gedanken. Es schob sich eine bedenkenlose, draufgängerische Sichtweise ins Bild. Entschlossen, sich zu behaupten und mich dazu zu bewegen, sie in Worte zu fassen. Und das tue ich auch: Die Geschichte meiner Mutter ist selbst ein Drehbuch.

Erste Szene
Als Fremdsprachensekretärin bewirbt sie sich bei einer schwedischen Schallplattengesellschaft, verliebt sich in den dort beschäftigten künstlerischen Leiter und heiratet 1936 den über zwanzig Jahre älteren Mann; einen charmanten Pianisten und Profi der Musikszene.

Zweite Szene
Von seiner jüdischen Frau geschieden, bringt er zwei kleine Söhne mit in die Ehe. Um sie besser schützen zu können, siedelt man um in einen kleinen Ort im Osthavelland; an die Peripherie.

Dritte Szene
Sie gibt sich als Mutter der beiden Jungen aus und nimmt sie mit ihrer ganzen Zuneigung in ihr Leben auf. Auf einem angemieteten Stück Land legt sie ein Gemüsefeld an. Für den Vater ist der tägliche Weg zum Aufnahmestudio in der Schlesischen Straße zeitraubend; er muss vom Bus aus in den Dampfer und von dort aus in die S-Bahn umsteigen.

Vierte Szene
Sie verschachert auf den Bauernhöfen das Silber und die Weingläser. Schlachtet, rupft und bereitet die hauseigenen Hühner zu. Kämpft mit der eigensinnigen Ziege Mielchen, die ihr beim Melken mit den Hufen ins Ge-

sicht tritt. Liest den beiden Töchtern Hauffs Märchen vor. Und übt mit den Söhnen den Waldweg nach Kladow zum Schulbus ein.

Fünfte Szene
Sie hält das Haus in Schuss für den Besuch der aus Berlin anreisenden Schallplattenkünstler. Dorthin kehrt man kurz nach dem Krieg zurück, sie wird die Mitarbeiterin ihres Mannes, mit dem sie überaus glücklich ist. Begleitet ihn bei seinen beruflichen Reisen, tätigt die Vertragsabschlüsse mit den Arrangeuren, Musikern und Gesangssolisten.

Sechste Szene
Ein Foto zeigt sie in einem weißen Abendkleid beim Tanz mit dem Sänger Fritz Wunderlich.

Ein Unsichtbarer beinahe

Für Hans-Jürgen Heinrichs

I

Ohne System, ohne methodisch daran zu arbeiten, feilt er an der Idee, sich weniger sichtbar zu machen. Er experimentiert damit, sich aus der Wahrnehmungszone so weit wie möglich herauszunehmen. Ihm schwebt eine Erscheinungsform vor, die nicht ganz und gar ungesehen bleibt, aber unmerklich ist. Und nach einem Aussehen, so austauschbar, so gewissermaßen folgenlos, dass einem nichts dazu einfällt. Es könnte sich um einen Pakt handeln, dessen instinktsichere Logik lautet: Je weniger erkennbar ich bin, desto besser gelingt es, selbst zu erkennen. Sie schickt ihn auf einen Weg der Umschreibungen, Oszillationen, der Loopings mit Gleichgewichtssinn. Ein im Hintergrund mitlaufendes Programm entschärft Konturen, weicht Grenzziehungen auf, peilt ein ethnographisches Geheimnis an: ein Fremder zu sein, aber ohne die Kontur der Fremdheit anklingen zu lassen. So oder so läuft das Ganze auf die Existenzform des sanften Parasiten hinaus.

Man reist mit ihm, wird Zeugin seines experimentellen Unternehmens. Man wird in Abenteuer verwickelt, die etwas Lautloses, etwas geradezu Dezentes an sich haben, etwas in den Alltag Eingefädeltes. Ihr Kick, eine Entdeckung gewesen zu sein, tritt später ans Licht. Zeitversetzt. Kommt mit Spätzündung. Ein Ort nahe Tanger, Bni Makada, stellt vor die Herausforderung, eine Bankfiliale zu finden; Französisch ist bis in diese Gegend nicht vorgedrungen. Ins Gespräch vertieft, ist weiter weg eine Gruppe von Männern zu sehen, ich halte mich im Hintergrund. Der »Unsichtbare beinahe« ist jetzt bei ihnen eingetroffen, von weitem sieht man, er steht eine Weile mitten unter ihnen. Einverständig und in der Lage, sich einverleiben zu lassen. Ein tragfähiges Gerüst offensichtlich, ich sehe ihn mit den Männern lachen. Und dann vertraulich mit ihnen reden. Ja, was denn? Ein Arabisch, das seine Übersetzung mitliefert? Einer von ihnen zeigt eine Richtung an, bald ist auch das Gespräch beendet. Vor allem, es hat stattgefunden. Man kann dem weiter keine großen Erklärungen folgen lassen.

Der Bankangestellte zählt einen Berg von Geldscheinen durch, der Kunde zählt mit, rührt sie nicht an und geht. Er will sein Geld sehen, der ungläubige Kunde. Er traut den Bankbelegen nicht, nicht der Buchführung. Immer mal wieder checkt er ab, dass das Geld noch da ist. Das sind die Momente, in denen Beobachtungen zu Wahrnehmungsneuland werden. Kurz darauf führen sie uns zu einem pockennarbigen Mann, er greift überraschend nach unseren Händen. Die Ärzte haben ihm nicht helfen können. Nun sind die Fremden dran und ihre für denkbar gehaltenen außerirdischen Kräfte. Mit ihnen in direkte Berührung zu kommen könnte ein Ausweg sein.

Vor uns Marktstände. Eine Getreidehändlerin erzählt von ihrem Leben. Nicht, weil sie spricht, sondern weil sie dieses pompöse, funkelnd polyestergrüne Kleid trägt. Für hiesige Verhältnisse ein Ballrobenformat. Das Kleid berichtet vom Kampf ihrer Trägerin gegen einen armseligen Verkaufstisch am Ende der Welt. Gegen sandige Plastiktüten und die blutenden Hühnerschenkel am Nachbarstand. Auf einem Frisierstuhl sitzend ein Mann mit Jackett und Krawatte. Er hat seinen Kopf zwischen die Fotos hiesiger Idole gehängt. Rod Stewart, Muhammad Ali, Sylvester Stallone. Der erste Stern an diesem Abend ist ein Hubschrauber. Abends stellt uns ein Ober Couscous mit Lamm auf den Tisch. Ihm haben seine Gäste eine wasserdichte Armbanduhr geschenkt. Wie eine Königskrone lässt er sie stolz durch seine Hände gleiten. Er fühlt sich ihr gewachsen, sie könnte ihm den Mut geben, irgendwann in Tanger ein Restaurant zu eröffnen.

2

Zweifellos sind die Ethnologen selber weniger eindrucksvoll als diejenigen, die ihnen Rede und Antwort stehen. Der Umgang mit dem Wort »Feldforschung« hat die Farbe aus ihrem Leben vertrieben. Sie nehmen Antworten mit und werten sie aus als Lehrstuhlinhaber der sogenannten Ersten Welt. Man möchte sehen, wie jener »Unsichtbare beinahe« sich einfügt in das weitläufige Bild der Ungewissheiten und Mutmaßungen. Was ihm den Glauben schenkt, einen Blick fürs Ferngerichtete zu haben. Von welcher Art und Lesart ist sie, seine Welt? Und wird von welchem Traum in Atem gehalten? Der da, da drüben, da steht er doch. Der mit der Umhängetasche, sie ist sein ganzes Gepäck. Kaum zu sehen zwischen all dem Sand, dem überhellen Licht, den tierbeladenen Fuhrwerken. Einer, so könnte man denken, der Europa abgestreift, es abgeschüttelt hat. Sich dann aber, ein paar Wochen später, zurückverwandelt in einen zivilen Volvofahrer, der heimkehrt in seine Stadt, das Treppenhaus, das Apartment ganz oben. Ein Voyageur, der wieder zuhause ist.

Aber ist er bei sich zuhause? Hat er zurückgefunden? Und sich zurückverwandelt in einen der hiesigen Bewohner? Das sind so die Fragen, die er sich nicht für die anderen aufhebt. Die stellt er sich selbst. Ist sein Fernblick womöglich hängengeblieben in der Rigorosität von Michel Leiris, der gesagt hat: »Ich wäre lieber selbst besessen, als die Besessenen zu studieren ...« Was mag ihm zu Hilfe gekommen sein? Ihm in die Hände gespielt haben, dem Sohn eines Bauern, der die Tiere zu pflegen und zu füttern hatte? Er wäre lieber mit den Freunden über die Dörfer gezogen, wollte in ihrer Sprache heimisch werden. Hat er sich selbst zugesehen und seine Einsamkeit beobachtet, nach Eindrücken sich umgeschaut? Nach einem Ereignis gesucht, dieser herbeigesehnten Mangelware in einem eingeschränkten Leben?

3

Der Besuch bei E. M. Cioran führt ihn in eine Mansarde in der Pariser Rue de l'Odéon. Allein schon das Verschwinden der Stühle unter den mehrfach übereinandergeschichteten Hemden, Hosen und Strümpfen besitzt eigene Beredsamkeit. Als »Fragmentmensch« hat sich der Bewohner dieser Bleibe bezeichnet; ein Raum, nicht höher als anderthalb Meter. Der Gast nimmt dieses Domizil wie naturgegeben wahr, es ist einleuchtend auf seine Weise. Dass diese Zwergenzimmerhöhe kostbar ist, wird ihm erklärt. Den Mietern, die in »menschenunwürdigen« Wohnungen leben, darf nicht gekündigt werden; in Frankreich ein Gesetz.

Diesem Besucher traue ich den Gedanken zu, Ciorans Leitmotiv, das Scheitern sei ein »Universalgesetz des Lebendigen«, nicht als Folgerung allein aus dem Anblick seiner vier Wände bezogen zu haben. Obwohl man sagen muss, dass es gerade hier recht eindringliche Zeichen gesetzt hat. Auf den ersten Blick sieht man es dem Teppich nicht an, dass auch er ins Bild des Scheiterns passt. Ungebraucht, funkelnagelneu sieht er aus. Als hätte bisher noch niemand einen Fuß auf ihn gesetzt. Und so ist es auch. Zwingend muss man ihm sogar aus dem Wege gehen. Der Teppich deckt ein riesiges Loch im Fußboden ab. Hier, in diesem Fall ist nicht der Teppich kostbar, es ist das Loch, die Bruchstelle, der Schaden, den er zu kaschieren hat. Sie bringen bares Geld ein, einen um die Hälfte herabgestuften Mietpreis.

Der Gast steht am Rand der Fußbodenbedeckung mitten in seiner Welt. Und es gibt an diesem Nachmittag kein anderes Thema als diesen Teppich. Und wie er seit Menschengedenken die Löcher der Schöpfung vertuscht hat. Jedenfalls endet das Gespräch mit den Worten Ciorans: »Das Scheitern des Schiffbrüchigen ist die am weitestgehend angemessene Beschreibung der Stellung des Menschen im planetarischen All.«

4

Es werden hier dem Sehvermögen abenteuerliche und unüberschaubare Bemühungen aufgehalst. Es hat für eine fortwährende Richtungs- und Gegenrichtungsaufmerksamkeit zu sorgen. Sich selbst zu behaupten und zugleich sich verwandtschaftlich einzufügen in die wechselnden Lichtverhältnisse der Erscheinungen. Bis tief in Schattendunkelzonen hinein. Da hat er was zu stemmen, dieser Blick. Nicht mehr und nicht weniger, als ein immer wieder neu zu verhandelndes Komplott aufzudecken, die vertrackten, vielförmigen Darstellungen eines Deals: Tuchfühlung und Brückenschlag des »Eigenen« und des »Fremden« im Auge des Ethnologen. In abgelegenen Ortschaften Malis hat man ihn »Etwas« und »Keiner« genannt, hat ihm »Dschibril« zugerufen, den Engelsnamen Gabriels. Weil ein Hubschrauber ihn befördert hatte. Gestaltwandel wie diese, Übersetzungen ins Unbekannte stellen etwas an mit dem Selbst. Demontieren seine Neigung, sich für unverrückbar zu halten. Reiben es auf, höhlen es aus. Man fängt an, sich zu fragen, wie es wäre, in der Haut der anderen zu stecken.

Man könnte Orte nennen, Lagos, Teheran, Bamako. Könnte Namen aufzählen, Fritz Morgenthaler, Leo Frobenius, Bachofen, Cendrars, Schwarzenbach und Segalen. Und wie es ihnen gelang, im Mahlstrom eines unruhigen Reichtums neue Verbindungen einzugehen. In bergigen Gegenden ist er mit einem Mountainbike unterwegs, dessen Systeme mit Übersetzungen und Verschaltungen zu tun haben. Zeit für den Lieblingssatz des Ethnologen, er stammt von Michail Michailowitsch Bachtin und lautet: »Leonardo beschreibt das Wasser, und das Wasser beschreibt Leonardo.«

Tänzer und Komponist am Hof Ludwig des XIV., Oberaufseher der Kammermusik, königlich musikalischer Vollzugsbeamter. Jean-Baptiste Lully durchquert den Raum in den gedrechselten Bewegungen des Menuetts. Oh, diese ungeliebte Haltlosigkeit! Der Schwächezustand in allem und jedem! Der Dirigierstab deutet auf die Absicht hin, sich den Schlamassel fernzuhalten. Das Menuett mag aussehen wie ein Tanz, stellt aber Schlachtordnungen auf. Es bringt schwächliche Gelenke durch ausschweifende Fußpirouetten auf Touren. Beim Menuetttanz geht es vor allem um Beinarbeit. »Balance«, sagt Jean-Baptiste Lully, »ist, wie gesagt, labil. Bald kleine, fast unmerkliche, bald große und sehr merkliche Erschütterungen.«

Der Dirigierstab klopft auf den Boden, Lullys Musik braucht den Stock, der Stock diese Musik. Damit er so regelmäßig und so fest wie ein Hammer seinen Schlag tun kann. Als Geiger schon hatte Lully seine Musiker fest im Griff. Er drillte sie auf eine pointierte, »abgestoßene«, das heißt, eine heftig nach unten abführende Strichart.

Die Maler Mignard und Edelinck machten sich über ihn her. Sie suchten nach Spuren von Größe in seinen Augen, seinem Gesichtsausdruck. Aber ihr modellierender Blick prallte ab, schnellte zurück vor seinem feisten Fleisch. Vor seinem gekerbten Kinn. Und einem schweren Kopf ohne Traum.

Edelinck gab ihm ein Vogelgesicht, täuschte und retuschierte, bis sich Charakter einschlich in das Bild. Und eine Ahnung von Bedeutsamkeit. Man war darauf nicht vorbereitet gewesen, dass seiner Rohheit so schwer beizukommen war. Die Rohheit saß als Matrix im Gewebe fest. Ein inneres Ungleichgewicht, das nach außen geschlagen war als dicker Hals. Als eingeschwärzte Haut. Als Wulstigkeit im Lippenbereich. Als kurzsichtiger Blick. Die Augen sahen nichts und wurden auch nicht gesehen. Klein, schwarz, wie hingepickt.

Der Kupferstich von Desrochers weicht klug auf die Perücke aus. Sie übernimmt die Anmut für den ganzen Mann. Dreht Locken auf der Brust. Legt sich wie Fell sanft auf den Anzugstoff. Die Hand spielt mit bei der Verzierlichung. Gewunden, weiß an den Brustkorb gelehnt. Die Hand als Künstlerhand. Sie hält ein Notenblatt, beschrieben, eingerollt. Wie einen Blumenstrauß, ein kleines Bouquet, ein Damentaschentuch.

Lully steht jeden Morgen mit dem Stab am Bett des Königs stramm. Der König hebt die Arme, man führt sie passgenau in Hemd und Ärmel und Manschetten ein. Man glättet, rückt zurecht, greift nach dem nächsten Stück: dem Justaucorps, auf Englisch *coat*, vergleichbar dem Soldatenrock. Tailliert, knielang, engmaschig gewebt mit kugelförmigen Knöpfen versehen. Knapp sitzender kann ein Gewand gar nicht sein. Schlauch, Röhre, deren einzige Bestimmung es ist, das Fleisch des Königs faltenfrei in Form zu bringen. Der halbe Hof ist da, legt Hand an den majestätischen Leib. Bis sich, bestechend bündig, die Alleinherrscher-Erscheinung zeigt. Man stopft, man staucht zusammen, dehnt, reißt und zerrt, zieht stramm und vertäut das Gewand in den Vertiefungen der Haut wie ein Schiff bei seinem Anlegemanöver.

Im Rhythmus des Dirigierstabs werden die Dinge auf den Weg gebracht. Schlag auf Schlag werden sie umgesetzt. Voller Fehl und Tadel ist der menschliche Geist, der hier auf den König angesetzt wird. Ganz davon abgesehen, dass es auch ihm, dem König, dem Hemd, dem Schuh und Handschuh an Vollendung fehlt. Ein falscher Griff, eine fehlende Tresse kann im Zentrum des Zeremoniells dem bevorstehenden Tag des Regenten das Gepräge eines Menetekels geben. So ist der Schlag, der unumstößliche Stoß des Dirigierstabs, nicht nur Zeitmaß, sondern auch Tritt und Züchtigung.

Doch nicht einmal der Stab ist frei von *mésaventure*, da kann er noch so sehr aus Gold und über zwei Meter hoch sein. Sein Schlag kann zum Fehlschlag werden: Ein hingeworfener Mantel, eine Rotweinlache lassen ihn ziellos über den Boden schlittern. Dann entgleisen die Schrittfolgen der Tänzer und nehmen ein geisterhaftes Irrlichtern an. Die Körper scheuchen unschön durch den Raum. Jeder Ausrutscher zählt und darf nur klammheimlich geschehen. *Quelle déformation*, denkt Lully. Verschandlungen sind abstoßend, Niederlagen abscheuerregend. Wie schnell so ein Königreich verrottet, wie schnell es ohne diesen Stab in meiner Hand zugrunde gehen kann, denkt er.

Und doch, es gibt sie, die Momente, wenn auch nur kurz, in denen sogar Lully entkräftet pausiert. Und innehält, wider alles Bemühen. Wo etwas ins Stocken gerät, für das er keinen Namen hat. Er legt den Dirigierstab ab. Jetzt ruht er sich aus. Er löst sein Kostüm, wirft die Perücke auf einen Stuhl. Sein Finger fährt über einen Spiegel, zieht eine Spur durch den Staub. Er denkt an das Lächeln des Königs, ein untrügliches Messgerät seiner Gunst. Und daran, dass das Lächeln schmaler geworden ist. Schon vorbei, dieser verlorene Augenblick, eine kurzfristige Zeitverschwendung. Eilig setzt er an zum Sprung, zum Exerzitium. Der choreographische Geist der Bourrée sitzt in den Beinen fest, wie an den Füßen die Kokarden über dem Spann.

Man hat ihm Blumen und Armbänder, Broschen, Amulette auf die Bühne geworfen. Immer dann, wenn seine Musik wie erstarrt, wie festgenagelt hängenbleibt. In der atemberaubenden Endlosschleife der Verzierungen und Triller und schmückenden Vorschlagnoten. Immer üppigere Verschnörkelungen, immer unausdenkbarere Garnierungen treiben die Schritte, treiben das Tempo der Atemzüge an, verschärfen den Taktstockaufschlag.

Der Stock hat einen verzierten Kopf, der das goldene Gesicht der Sonne zeigt. Ein schönes Stück, tödlich für Lully, als die Spitze des Stabes mit ungeheurer Wucht nicht den Boden trifft, sondern den rechten Fuß durchbohrt, regelrecht aufspießt wie eine gegen den Musiker gerichtete Waffe, von oben bis hinunter zur Sohle. Vor

Wut. Weil der König auch dieses Mal nicht zum Konzert erschienen ist.

»Ich habe Erfolg, weil ich Angst habe. Es ist die Angst, die meiner Musik Flügel verleiht.« Mit dieser Eintragung Lullys hatte der Unglückstag angefangen. Am Abend setzen Fieber und Schüttelfrost ein. Der Arzt schlägt eine Amputation vor. Pferdemistbakterien habe die Spitze des Dirigierstabs über den Fuß in den Körper geschleust. Daher der Wundbrand. »Sie machen einen Tänzer zum Krüppel«, schreit Lully.

Der Verfall fängt bei der Gesichtsmuskulatur an, eine Verkrampfung setzt ein und bringt einen Weggefährten mit: ein munteres, ein geradezu erfreutes Grinsen auf dem Gesicht des Sterbenden. Trügerisch auch der vermutete Heilungsprozess der Wunde, er stellt eine noch schlimmere Täuschung dar. Sie wird in der Tiefe eine giftige Tasche bilden wie eigenes, neuwertiges Leben.

Ein Nachttopf wird unter den Ärzten herumgereicht. »Vielsagender als sein Puls ist sein Stuhl.« Es sind die letzten Worte, die er in seinem Leben hören wird, während schon sein Gewebe nachgegeben hat und mit Löchern, tiefen Einrissen überzogen, gleich nur noch ein Fetzen ist. Ein Lappen, ein Lumpenstück. Ein Sturm trägt sie vor sich her, vorbei an den Kutschen, man winkt ihm zu. Hat niemand gesehen, wie schlecht es ihm geht? Der Wind hat sich gedreht, seine Richtung geändert. Lully hält sich immer noch auf den Beinen. Schächte, nein, Treppenhäuser erwarten ihn. Und dunkles Erdreich. Oder sind es die schwarzen Tasten des Clavecins? Breitband Bewusstlosigkeit. Nein, es war das Leben.

Ein Wort, das immer wieder auftauchte, hieß »Einquartierung«, gerade war es in der gegenüberliegenden Villa dazu gekommen. Eine Russin mit Tochter hatte die gesamte untere Etage belegt. Die Eigentümerin konnte ihrem Garten mit seinen Dahlien, Chrysanthemen und Kiefern von nun an nur noch als Zuschauerin nahe sein; von den Fenstern des oberen Stockwerks aus. Neu war auch das Mädchen von gegenüber. Wie ich feststellte, war es mit einem verachtungswürdig eintönigen Spiel beschäftigt. Lange konnte ich ihm nicht dabei zusehen. Es bewegte sich, hüpfend auf einem Bein, mit kleinen Sprüngen auf dem sandigen Boden ruckweise vorwärts. Von dort wurde dann etwas aufgehoben, ein kleiner, für mich nicht näher erkennbarer Gegenstand; ein Stein vielleicht, ein Holzstückchen. Jedenfalls wurde er gleich danach auf den Boden zurückgeworfen, und das Mädchen hüpfte von neuem los. Das Spiel machte den Eindruck, als würde es feststecken. Es kam nicht von der Stelle, im wahrsten Sinne des Wortes versandete es.

Aber irgendeinen Sinn musste das Ganze doch haben. Geduldig, geradezu gewissenhaft, war das Mädchen stundenlang mit dem kindischen Spiel beschäftigt. Es hatte nur Augen für den Sand und für das winzige Ding, das sie ihm zuwarf. Der Zeitpunkt, mehr darüber herauszufinden, mich dem Mädchen zu nähern, schien mir an diesem späten Nachmittag gekommen zu sein. In Gedanken hatte ich den Weg quer über die Pappelallee probeweise mehrmals schon zurückgelegt. Jetzt war's so weit, die Sache durchzuziehen; tatsächlich dort drüben anzukommen, sich dort hinzustellen, abzuwarten. Als Erstes fielen mir die Einkerbungen im Boden auf. Dann machte ich die Beobachtung, dass der Wechsel auf die andere Straßenseite schnell ein anderes Kind aus mir gemacht hatte, ein zweites. Halb war ich noch die Zuschauerin hinter unserem Zaun. Dabei schaute ich doch bereits auf die Linien und Wörter im Sand, auf Buchstaben, die, wie ich wusste, als »kyrillisch« bezeichnet wurden.

Ich konnte sehen, dass das Mädchen eine Glasscherbe auswarf, ein an den Rändern zerborstenes, unförmiges Gebilde. Es hüpfte schweigend in die eingezeichneten Felder, ohne mich anzuschauen. Seine Bewegungen waren langsamer geworden, nachdrücklicher, wurden erkennbarer. Man konnte sich die Bedeutung der in den Sand eingezeichneten Reviere zusammenreimen. Begreifen, dass die Sprünge von Feld zu Feld nicht die Einkerbungen im Boden berühren durften. Das besorgte schon der staubige märkische Sand. Dann musste die Glasscherbe als Bleistift einspringen, um die Linien zu bereinigen; Wurfgeschoss und Markierungsbehelf in einem. Auf keinen Fall durfte die Scherbe in einem ganz bestimmten Spielfeld landen. Es musste die »Hölle« sein. Dann war man *draußen*.

Ich hörte die laute Stimme meiner Mutter, die mich rief. Von meiner Position aus kam mir unser Haus wie ein Foto aus der Leica des Vaters vor. Wie umgeschlagen in eine andere Machart. »Tatjana«, sagte das Mädchen leise. Ihre Stimme brachte die Erwartung mit, dass alles das hier am nächsten Tag weitergehen würde. Und nicht nur dann, sondern jeden Tag und immer. Die Zeichnung der Felder. Die Glasscherbe. Und der schnelle, sorglose Wechsel zwischen Himmel und Hölle. Stunde um Stunde teilten wir so einen halben Sommer miteinander. Beide vertieft in die Regeln des Spiels. Gebannt von einem Stück Erde zwischen den Gärten und von der beredten, wortlosen Gleichzeitigkeit unseres Aufderweltseins.

Ein Armeefahrzeug kreuzte eines Morgens auf. Der Fahrer, ein russischer Soldat, und ein Mann mit Offiziersmütze stiegen aus und verschwanden im gegenüberliegenden Haus. Einer von ihnen musste der Vater Tatjanas sein; ein Wiedersehen. Der Nachmittag begann wie immer damit, dass sie vor Spielbeginn die verwischten Linien im Sand mit der Glasscherbe nachzog. Das Signal für mich, mich auf den Weg zu machen, zu ihr zu laufen. Der erste Augenblick schon setzte in dem winzigen Kosmos abgesteckter Vereinbarungen das Zeichen des Abbruchs, den Sturz in den Verlust. Tatjanas Blick blieb von mir abgewendet, sie machte Fehler, und sie reichte die Glasscherbe nicht an mich weiter. Jede ihrer Gesten verabschiedete mich.

Man konnte sehen, wie unser Spiel in diesem Moment in lauter Einzelteile zerfiel. Wie es zum Verwirrspiel wurde. Aus unserer wortlosen Stille war nun Beschränktheit und Makel geworden. Die Glasscherbe zeigte auf die Armseligkeit, den Unfrieden der Verhältnisse. Die Linien im Sand auf die Unantastbarkeit markierter Grenzziehungen. Zum Vorschein kam auch der unüberbrückbare Spalt zwischen Himmel und Hölle. Jetzt war die Hölle dran. Die Mutter nannte den uniformierten Herrn von gegenüber einen »Spielverderber«. Es gebe aber Gründe dafür, wir würden ein anderes Mal darüber sprechen, sagte sie. Ich hatte wieder meinen Beobachtungsstand hinterm Zaun bezogen. Sollte ich schnurstracks hinüberlaufen, Tatjana die Scherbe wegnehmen und mit den Schuhen das ganze aufgemalte Abrakadabra zertrampeln? Verschwinden lassen? Dann wäre das dumme Spiel nicht mehr da. Das öde, langweilige Spiel. »Das Spiel war dumm«, sagte ich, und die Mutter meinte, dann müsse ich jetzt auch nicht mehr weinen.

Am Abend legte mir der Vater ein in Seidenpapier gehülltes Geschenk in die Hand. Es sah wie eine kleine Weltkugel aus. Unter dem Papier kam ein über und über gelber Apfel zum Vorschein. Er war ungewöhnlich weich, dabei hatte er eine dicke Schale. Der Vater, wie immer in Zaubererlaune, begann die Frucht mit einem kleinen Messer zu schälen. Ihr Fleisch war nass und roch gut und besaß ein unbeschreibliches Aroma. Scheibchenweise legte er sie mir nach und nach in Form kleiner gelber Schiffe in die Hand. So, wie der Vater sie behandelte, hatte sie einen richtigen Auftritt, die Apfelsine, so nannte er sie. Und wäre es nicht dieser Tag gewesen und dieses Unglück, wäre mir vielleicht der Gedanke gekommen: dass mit diesem Geschmack, der von anderswo herkam, nicht aus dem Osthavelland, eine neue Zeit in meinem Leben begann.

Aber es gelang mir nicht, über diesen Tag hinauszudenken. Als das letzte Schiffchen aufgegessen war, dachte ich daran, wie gern ich es mit dem hüpfenden Kind von gegenüber geteilt hätte. Scherbe, Schiffchen. Unleugbar wäre mir die Scherbe lieber gewesen. Einer dieser Gedanken, an denen man die Erwachsenen nicht teilhaben ließ.

Erste Szene

Man erkennt es sofort und weiß, wo man sich befindet, mitten im Eigenleben der Kunstgriffe und Hintertüren. Wir sehen Gliedmaßen im Stress und denken: »Maloche Leben.« Eine verlockende Regellosigkeit übt ihre Schreckensherrschaft aus. Das Fließband, auf Tempo justiert, durcheilt verworren ausgetüftelte Systeme. Barbarisch, lachhaft, rätselhaft. Die *eating machine* schießt mit Suppe, Mohrrüben und Schrauben auf den Mund des Speisenden. So einer wie er wird niemals Ruhe finden, gedreht und gewendet und niedergestreckt, sieht er aus wie erschlagen. Der Pulsschlag ist immer zu hoch, geht immer zu weit. Zwischen den Beinen des Hotelportiers herumkrabbelnd, gibt er dem Dasein einen Schubs ins Bodenlose. Bringt er das wahre Wesen der menschlichen Anatomie ans Licht. Lässt sie Zeugnis ablegen von ihrer Gabe, so windschief wie nur möglich durchs Dasein zu stolpern. Manchmal reichen schon sein Gesicht und ein Wassereimer aus. Sie sind durch hochwirksame Anziehungskräfte für immer aneinander gebunden.

Zweite Szene

Dem Menschen obliegt es zu leiden. Zu sehr wird er vom Wunsch nach Vervollkommnung in Atem gehalten. Von der Idee, den Siedepunkt der Formvollendung zu erreichen. Dann, dann erst wird es ihm gelingen, das glitschige Speiseeis haarscharf im Dekolleté der

Damen zu platzieren. Und mit ergreifender Präzision den Grießbrei im Herrenzylinder. So sieht es aus, wenn ein Herrscher uns eine Schöpfung zeigt, die mehr vermag als das, was sie sonst zu bieten hat.

Dritte Szene
Manchmal, immer dann großes Aufsehen erregend, passiert es, dass so ein Herrscher sich davonmacht. Auch er muss einmal sterben und in ein Grab gelegt werden. Im Fall von Charlie Chaplin bedeutet es, die ganze Welt in ein Nachdenken darüber zu stürzen, in welcher Verfassung er dieses Mal das Einerlei der Weltordnung aus dem Rahmen fallen lässt. Man kann mit Sicherheit davon ausgehen, dass ein so unbeträchtliches Vorkommnis wie der Tod kein Hindernis für ihn darstellt.

Vierte Szene
Oberhalb der Ansiedlungen, in den Weinbergen von Vevey, liegt der Friedhof. Wer sich hier zurechtfinden will, muss einen Anwohner zu Rate ziehen. »La cimetière?« Eine Frau ist in ihrem Vorgarten mit Laubkehren beschäftigt. Sie nickt bereitwillig, großflächig zeichnet sie mit ihrem Zeigefinger Linien und Bögen in die Luft; offensichtlich von einer Sprechstörung befallen. Dabei verändert sie mehrmals ihre Position. Ihre luftige Zeichensetzung, weit weg vom Koordinatensystem und diesseits von Achse, Pol und Nullmeridian, verliert sich im leeren Raum. Und da gehört er ja auch hin; der Mann auf dem Niveau einer Luftnummer. Er hätte sich doch niemals freiwillig in eine Ruhelage begeben, die ihm verweigert hätte, über Tische und Stühle zu steigen.

Von einem Automobil verfolgt, in eine Mülltonne zu klettern. Die Aussicht, sich künftig mit einem cremefarbenen Seidenetui, mit einer derart lächerlichen Schatulle begnügen zu müssen, hatte in seinem Leben faktisch nichts zu suchen. Eine Perspektive wie diese macht sogar noch einen Knüppel schwingenden Schutzmann, der ihn einst durch das Labyrinth eines Spiegelkabinetts jagte, zu einer Sehnsuchtsfigur.

Fünfte Szene
Befremdlich, dass dieser Routinier gewagter Ausbrüche sich überhaupt zwei ganze Monate in die Bewegungslosigkeit gefügt hat. Dass er es so lange hinnahm, Teil einer bodenlosen Stille und Entlegenheit zu werden: vom Seidenweiß bezwungen, von der Maßanfertigung eines Ebenholz verarbeitenden Schreiners in die Enge getrieben. In dem luftlos abgedichteten Gehäuse muss es zu einem Brodeln, einem Rumoren gekommen sein. Zu einem Aufstand nicht nur gegen eine unangebrachte Unterbringung, sondern ganz generell gegen einen himmelschreienden Übergriff auf seine Person.

Sechste Szene
Unter den gegebenen Umständen hat der Aufstand nur sehr begrenzte Mittel zur Verfügung. »Chaplins Grabstelle ausgehoben!«, titeln die Zeitungen. Chaplin flüchtig. Abgetaucht. Der Sprung in die Unendlichkeit hat eine unerwartete Wendung genommen. Redakteure fiebern nach Erklärungen, Fernsehanstalten senden seine Filme, Menschen sagen: »Kein Film von Chaplin ist so gut wie diese Geschichte.«

Siebente Szene
Die laubkehrende Frau aus dem Vorgarten wird von
allem nichts mitbekommen haben. Sie ist mit dem Sor-
tieren von Himmelsrichtungen beschäftigt. Wer das
tut, wird in noch ganz andere Abläufe des Zurechtrü-
ckens, Ausrichtens, Auffächerns und Einstufens verwickelt sein. Der wird keine Reserven für das ungläubige
Kopfschütteln haben, das in diesen Tagen über die Erd-
bevölkerung hereingebrochen ist. Nur volles Verständnis
für jedermann, der sich von der unkenntlichen Welt ein
eigenes Bild zu machen versucht.

Achte Szene
»Les voleurs demandent 600 000 francs«, titelt *24 heures* aus Lausanne. Ein Kriminalfall-Fluidum wird spürbar. Panik und Kopflosigkeit.

Neunte Szene
Zur standesgemäßen Geldübergabe hat der Chauffeur
den Rolls-Royce des verschwundenen Verstorbenen
aus der Garage geholt; ein Täuschungsmanöver. Die
Familie denkt nicht daran zu zahlen. Auf der Fahrt
zum Übergabeort hat sich Tochter Geraldine, wie von
den Erpressern gefordert, deutlich sichtbar platziert.
Vom Autofenster aus bietet sie ihnen den makellosen
Anblick einer schmerzbewegten Tochter, die um die väterlichen Gebeine bangt.

Zehnte Szene
Kauernd im Fußbereich des Automobils, wartet ein
bewaffneter Polizist auf seinen Einsatz. An Geraldines

Beinen vorbei hat der an Reisekrankheit leidende Beamte heftig reihernd das stolze Gefährt verunreinigt. Er flüchtet an der nächstbesten Kreuzung beschämt aus dem Automobil. *24 heures* bringt seine Geschichte am nächsten Morgen als Aufmacher heraus. Demnach ist er in einem nahe gelegenen Waldstück untergetaucht.

Elfte Szene
Die Ganoven beratschlagen, vorerst ergebnislos, auf welche Weise sie sich des unbrauchbaren Raubgutes entledigen können.

Zwölfte Szene
Inzwischen hat der gekidnappte Verstorbene mit dem Streifzug durch die Nachwelt begonnen. Staunend sieht er sich die Handschuhe ausziehen, wo war der fünfte Finger geblieben? Dort auf dem Straßenpflaster. In hohem Tempo wechseln sich die Aufenthaltsorte ab. Ein Laternenmast. Eine Fabrikanlage. Eine Brücke. Ein Boudoir. Er erblickt sich in einem Löwenkäfig, in einem Spiegelkabinett. Orientierungslos in fremder Umgebung. Leise Irritation hinsichtlich der Kameraführung.

Dreizehnte Szene
Schon von weitem bemerkt ein Bauer, der sein Feld besichtigt, eine Unebenheit des Bodens. Die Furchen sehen an dieser Stelle unregelmäßig aus. Mit der Schaufel stößt er an einen harten Gegenstand. Die Umrisse eines Sargs werden sichtbar.

Vierzehnte Szene

In diesem Moment zieht eine Schar von Vögeln vorüber. Kleine Körper, kaum der Rede wert. Ein Deut nur, aber mit dem Gewicht einer furchterregenden Ungreifbarkeit direkt am Kopf des Bauern vorbei.

Im Alter von elf Jahren fühlt man sich schnell als ein Wesen entlegener Erdkreise, weit weg vom Schuss. Ich flog auf alles Übersteuerte, offensichtlich Kopflose, Durcheinandergeratene. In diesem Punkt machte mir jedoch unser Wohnzimmer einen Strich durch die Rechnung. Ich hielt es für denkbar, irrtümlich in die Welt der Eltern hineingeraten zu sein. Links von mir sah ich die mit grünem Samt überzogenen Sessel stehen. Rechts den Tisch und die Stehlampe, daneben den Flügel, dann die Schiebetür und die Anrichte. In der Anrichte befand sich das gute Porzellan. Nach nur wenigen Schritten lag die Ruhelage, das lähmend Verlangsamte des nachmittäglichen Lebens hinter mir. Dann, wenn ich mir aus der elterlichen Bibliothek die Bücher Peter Altenbergs herausgeangelt hatte. Von denen konnte ich nicht genug kriegen. An manchen Nachmittagen blätterte ich nur nach Überschriften. *Café Chantant*, *Die Zuckerfabrik*, *Annie Kalmar*, *Vor dem Konkurse*, *Mein Fensterbrett*. Das reichte, ich wurde erwartet.

Heute, also in den zwanziger Jahren des einundzwanzigsten Jahrhunderts, stelle ich mir Fragen. Welcher Reiz es gewesen sein mochte, der damals auf das Mädchen eingewirkt hat? Welcher Art von Verlockung, welcher Schleichwege hatte sich das potpourrihafte Allerlei der Geschichten bedient, um das Kind zu beeindrucken? Es wird ratlos und ziellos in den Büchern satzweise nach Anhaltspunkten gesucht haben. Die skizzenhaften Eintragungen werden es an offen stehende Häuser erinnert haben. Man hält sich kurz in ihnen auf, um weiterzulaufen ins nächste Haus. Angetastet von einer Unerforschlichkeit, nah wie der Herzschlag. Das Königreich ist voller böhmischer Dörfer. Es ist kein richtiges Königreich. Weit und breit kein Zauberstab zu sehen. Weder er noch überhaupt ein Zeichen von Majestät, nicht mal von Wirklichkeit. Die Wahrheit läuft aus dem Ruder. Kunststück. Das Kind hat es mit einem Autor zu tun, der sich selbst als einen in der Luft hängenden Akrobaten und Narren bezeichnet. Ich kann es mir nur so erklären, dass es sich nicht lösen kann von einem Taumel, einer Bangigkeit vor einer solchen Raumerweiterung. Vor einem solchen Ausbau der Welten.

Selbst das Schriftbild war schon von Unruhe erfasst. Buchstaben, auseinandergezerrt, wiesen Leerstellen auf, Bindestrichreihungen machten sich in den Sätzen breit. Als wollten sie den Wörtern Luft verschaffen. Eine widersinnige Interpunktion gab ihnen einen Schubs ins Unwirkliche, Frage- und Ausrufungszeichen trafen aufeinander. Ohne sich gegenseitig das Leben schwerzumachen; merkwürdigerweise. Ich denke, das Kind wird im Sperrdruck eine Aufforderung gesehen haben, dort seine Empfindungen unterzubringen. Es hat die Zwischenräume zu seinem Gebiet erklärt. Um so, auf seine Weise, in das Geschriebene hineinzuwachsen, sich dort einzuquartieren. Mit einem Deut von Eigenem, mit einem Etwas von sich selbst.

Was auch sein könnte: dass die gedehnten Wörter, der Sperrdruck, Stille ausdrückten, eine Pause setzten. Bedenkzeit einforderten. An dieser Stelle, sagt der Halt, muss der Autor passen. Hier weiß er selbst nicht weiter. Ein Ereignis kommt ins Bild, bringt Unbekanntes mit, braucht Platz und macht sich zwischen den Buchstaben breit. Was ein gutes Jahrhundert später als eine in den Wörtern abgelegte »Unsagbarkeit« erkennbar wird wie bei Hans Blumenberg. Oder wie bei Jankélévitch das »Unaussprechliche«. Dies könnte sich für das Kind auch in den atemlos ineinandergreifenden Anblicken der Leute gezeigt haben. In der raschen Abfolge der Droschkenkutscher, Dienstmädchen, Töchter des Hauses, der Artisten und Trommler und Schlawiner. Im zerstreuten, unbeherrschbaren Getümmel der Details. Figuren, hingestellt, die sich in ihrem Eigenleben verlieren, in kurzlebigen Schüben eines Hochgefühls untergehen. Es könnte ein Reiz davon ausgegangen sein, kein Verstehen aufgetischt zu bekommen. Sondern die Suche danach. Das wird es vielleicht gewesen sein. Für das Kind, beim Umblättern der Seiten. Es wird keine Ruhe gefunden haben und keine Klarheit. Wird überrannt worden sein von Bruchstücken und von Episoden. Von Einstellungen wie im Film, die den Wiener Ringstraßenbezirk und seine Bewohner *zoomen*.

Es wird auf die Geschichte der Schauspielerin Annie Kalmar gestoßen sein. Geliebt, dreiundzwanzigjährig verstorben und tief betrauert. Ein vorzeitig zurückgerufenes »Paradigma« der »eigentlichen Pläne des Schöpfers« hat Altenberg sie genannt. Bis heute wirkt dieser

Eindruck nach, für das Kind gab es Tränen. Wegen der »Vorzeitigkeit« und wegen der Herrschsucht eines Allmächtigen, der aus dem Nichts über Leben und Tod entscheiden durfte. Tränen auch, so erscheint es mir heute, weil in die dicht bevölkerte, ereignis- und gestenreiche P.-A.-Welt unangemeldet die Unendlichkeit hineinfunkte. Mitten in den lebhaften Reichtum des »Weiter«, »Weiter«, von einem zum nächsten Schauplatz. Kalmars Foto im Internet zeigt sie als »Salondame«, mit Handspiegel und Mördertaille. Unaufgerüscht, unverstellt ist nur ihr zartes Gesicht. Aber auch das nicht mal, es sieht nur sterblich und zufällig aus. Nicht kenntlich gemacht wie von Peter Altenberg.

Semmering 1912 heißt eines der Bücher, wenige Monate vor dem Weltkriegsausbruch erschienen. Die Wirklichkeit hat den Faden verloren. Was ist los mit einem Kind, das sich mit solchen Geschichten befasst? Geschichten wie Fingerzeige auf heruntergekommene Verhältnisse. Von einem Konkurs wird erzählt, eine Familie promeniert durch den Kurpark. Der Vater fröstelt, die Schwertlilien bewegen sich auf und ab wie die Pendel einer Uhr. Die Uhr ist auf Beschleunigung eingestellt, sie tickt falsch. Im Sperrdruck der Zeilen versteckt sich das Aus. Bei den Spaziergängern kommt die Katastrophe als pathetisches Stimmungsbild an. Die Familie entfernt sich, gutgläubig steuert sie dem Parkausgang zu. Jedes Wort sagt »Abschied«. Vom Park, von einem Leben, wie man es kannte.

Violine solo

Man konnte den schwarz glänzenden Koloss für die Riesenvergrößerung eines Kinderspielzeugs halten. Von dem eigentümlichen Musikinstrument ging eine unüberhörbare, eine demonstrative Stille aus. Ich glaube, nur deshalb hatte ich damals dem Klavierunterricht zugestimmt. Um Leben in diese Stille zu bringen. Von mir waren keine Glanzleistungen zu erwarten, ich wusste das, nur Musik im weitesten Sinne. Um Johann Sebastian Bach machte ich lange Zeit einen Bogen. Seine Kompositionen paktierten vernehmbar mit der Stille jener Nachmittage, die nicht vorbeigehen wollten. Beide hatten etwas Heiliggesprochenes an sich. »Ich sage nichts«, schienen sie mir zuzuflüstern; zwei Verbündete.

Mir wurden meine Finger fremd, wenn ich mich an Bachs Präludien und Fugen versuchte, an ihrer polyphonen Power, die mir unantastbar erschien. Und allwissend. Hier zu schludern, danebenzugreifen, kam mir verboten, es kam mir strafbar vor. Ich spürte und respektierte es, das Hoheitsgebiet dieser Musik. Kein Wunder, dass E. M. Cioran sie als den einzigen »konkreten Beweis« für die Existenz des Allmächtigen bezeichnet hat. Und Goethe sich den idealen Zuhörer Bachs als ein der menschlichen Natur entwachsenes Geistwesen vorstellte; ohne Auge und Ohr und die »übrigen Sinne«.

Die Katholische Akademie in Berlin lässt ihre Besucher an erstaunlichen, bemerkenswerten Begegnungen teilnehmen. Hier lernte ich einen anderen Johann Sebastian Bach kennen. Eine andere Musik; eine aufwieglerische, zügellose. Das rebellische Klima einer Auflehnung. Nach der Veranstaltung mit dem polnischen Dichter Adam Zagajewski erzählte Sebastian Kleinschmidt von dessen Gedicht über die *Chaconne*, Bachs Komposition für Violine solo aus der zweiten Partita. Es begann, wie ich in Kleinschmidts Smartphone lesen konnte, mit den Worten: »Wir wissen, alle wissen, dass er mit dem Herrn sprach.« Gleich darauf aber verließ es diese Erhabenheitszone, wurde zur aufständischen Bekundung, so entschlossen, so abrupt, dass Bach und seine *Chaconne* auf einmal wie von einem anderen Stern auf mich zukamen.

Ein Wagnis, diese *Ciaccona*, übermäßig lang mit ihren 256 Takten und einer Spieldauer von mehr als einer Viertelstunde. Allein schon ihrer Form nach ein Kraftakt. Das Musikstück ist eine Zumutung. Seine Sprache »schnell und jäh«, wie es im Gedicht heißt. Und sein Umgang mit dem Tonmaterial der Bach-Zeit von strapaziöser Eigenmächtigkeit. Aus diesen Anzeichen von Willkür und Wildwuchs bezieht Zagajewskis Gedicht seine helle Aufregung, seine ganze Poesie. Sie lässt nicht mit sich reden, sondern deutet lauthals auf eine Ungeheuerlichkeit hin: dass hier der größte Tonschöpfer des Barock eine Musik erfindet, die sich als Dokument eines Zusammenbruchs zu erkennen gibt. Bach wird, von einer Reise zurückkehrend, vom überraschenden

Tod seiner Frau erfahren. Kurz darauf entsteht die *Chaconne*. Sie lässt das Tonsystem außer Rand und Band geraten. Der Schmerz hat auf die Musik übergegriffen; sich jeder einzelnen Note angenommen.

Das Gedicht entreißt Bachs Musikstück eine tonangebende Mitteilung. »Vielleicht nur hier«, heißt es, würde er von seinem Leben sprechen. »Plötzlich, unverhofft erzählt er uns von sich.« Ja, indem er die Emphase seiner Pein weitergibt an die Musik. Und sie bevollmächtigt, den schweren Atem unseres Erdenlebens zum Ausdruck zu bringen. Er drangsaliert, er radikalisiert sie. Ein Dauerstress für die Solovioline, die sich stellenweise eine vielstimmig durchkomponierte Musik zu erarbeiten hat. Es werden ihr eine Reihe mehrfach geschichteter Akkorde abverlangt, die ihr nur durch das Nach und Nach, durch die arpeggierte Auseinanderfaltung, die Zerstückelung des Klanges gelingen. Man hört ihm die Anstrengung an. Erkennt, wenn man dem Spiel Gidon Kremers zuschaut, wie sie in die Mimik, in den Körper des Interpreten eingreift. Musik, die uns in einer Umgebung absetzt, die es mit Entgleisungen zu tun hat. Mit *crash*-Phänomenen. Unvorhergesehen verstummt ein Crescendo, setzt das Pianissimo einer *Cantabile*-Stelle ein. Das Piano pianissimo und das Forte fortissimo werden ausgereizt bis zum Letzten.

Aufruhr und Unstern stoßen bis ins Notenbild vor. Wenn ein elf Takte währender Parcours von Zweiunddreißigsteln mit ihren dicht gesetzten dreifachen Balken zu sehen ist, dann wird auch visuell der Engpass, die Beklemmung, der Fluchtversuch als Rohstoff unserer Existenz erfahrbar; »das Leid, dass die Zeit uns alles nehmen muss«. Ein Riss, entzündlich, der durch unser aller Leben geht. Man hört einer Musik zu, deren Gebärden das Sein als ein Außersichsein verkörpern.

ÉCRIT D'APRÈS LA NATURE

Kulturelle Überschreibungen hinterlassen Spuren,
erweitern den Raum der Poesie. Wir sitzen der Natur in
einem Zuschauerraum gegenüber. Die afrikanahe
Sternennacht nimmt die Eigenschaften einer cineasti-
schen Bildeinstellung an. Und den Geckos oben im
Dachstuhl kann man nicht zuschauen, ohne das Wort
»Zirkuskünstler« oder »Akrobat« in den Mund zu
nehmen.

Das Labor hat die Ausmaße, sagen wir, einer Fabriketage. Auf meterlangen Tischen stapeln sich die Werkzeuge. Sie kommen aus allen Teilen der Welt. Feilen, Meißel, Sonden. Kleine Zangen, Zeichengeräte. Ich nenne seine Werkstatt eine Naturanstalt. Eine Wildnis aus Gehirn und Gestirn: das Zuhause eines Diamantschleifers. Er kennt seine Stadt nur noch vom Hörensagen. Er weiß vielleicht nicht einmal mehr, dass es Antwerpen ist.

Der Blick ist auf einen Stein gerichtet: ein bloßliegendes, rohes Gewächs. Gabriel Tolkowsky wird ihm nach und nach die Form einer unvorstellbaren Entrücktheit geben. Er horcht in ihn hinein, befühlt seine kantige, windungsreiche Außenwand. Immer wieder wird der Stein unters Mikroskop gelegt, unter verschiedenartige Lupen gehalten. Ein Spalt, ein Riss: Fingerabdrücke der Natur. Hier setzt die Feile an, hier beginnt sie zu komponieren. In den Verliesen des Steins sitzen die Farben fest. Selbst versteinert. Ein unbefreites Gelb, ein schläfriges Braun. Monsieur Tolkowsky hält mithilfe einer Kamera Ausschau nach den Winkeln und Kanten, nach den Profilen und Wendepunkten im Stein. Tausende von Lichtblitzen haben ihn partikelweise unter Beschuss genommen.

Niemals bisher ist der Wuchs einer Geliebten so genau erkannt und festgehalten, niemals ist bedachtsamer das

Licht eingefangen, niemals mit mehr Umsicht herausgeschleudert worden. Eine neue Feile wird angesetzt. Neue Brechungen, Faltungen, Aufsplitterungen greifen auf die felsigen Gliedmaßen des Steines über. Dann und wann schießt eine Farbe schockhaft, explosionsartig aus seinem Innern hervor.

599 Karat. Der Stein hat Millionen von Jahre im Erdinnern verbracht. Jetzt liegt er in einer linken menschlichen Hand. Von rechts wird er befühlt und angefasst. Die Tage und Nächte vergehen unter Scheinwerferlicht. Wochen, Monate, Jahre im Dienst der Lichtmaximierung.

Monsieur Tolkowsky legt den Stein auf die Drehscheibe. Ein Karussell, in dem der größte lupenreine Diamant der Welt seine Runden dreht. Auf dieser Reise werden sich Schliff, Feuer und Gewicht verändern und rot-weiß, violett-grün, blau-gold schließlich die Form eines Herzens annehmen. Die Herzform lässt ihn am beständigsten strahlen, seine Farben am perfektesten leuchten. Ein Zinnoberrot gleitet über Tolkowskys Gesicht.

»Ich habe alles getan«, sagt er und beendet den Dialog mit dem Diamanten. Er geht in ein Bistro, um zu frühstücken, dabei schüttet er sich den Kaffee über die Krawatte. Spiegelverkehrt sieht er sich vor seinem Frühstück sitzen mit einer Tasse in der Hand. »Don't forget me, my heart.«

Der Mensch schließt die Augen, er lässt sich mitneh-
men von einer Anziehungskraft, die nach Unschärfen,
nach Kindheiten sucht. Nach Ahnenreihen möglicherweise. Nach archaischen, übergreifenden Einheiten. In
alten Seetexten aus dem 17. Jahrhundert wird das Kiel-
wasser eines Schiffs als »Zog« bezeichnet. Gemeint
war die saugende Bewegung des Wassers um den Ach-
tersteven des fahrenden Schiffes. Im Wort Sog ist das
Ziehen, das Gezogenwerden aufbewahrt. Auch das Hi-
neinmanövriertwerden. Es hat mit Schiffen und mit dem
Meer zu tun. Mit Strudel, Strömung, Wirbel und Drift.

Es war der Sog, die Schwerkraft des Wassers, der die
Titanic in die Tiefe zog. Ein Vorkommnis, das die Kon-
strukteure des Schiffes ausgeschlossen hatten. Wegen
der 15 wasserdichten Schotten im Innern des mächtigen
Gefährtes. Ihm wurde aus diesem Grund von der Zeit-
schrift *The Shipbuilder* das Prädikat »praktisch unsink-
bar« zugesprochen. Es wurde ihm seine Unverwundbar-
keit wie eine ihm für alle Zeiten angehörige Eigenschaft
mit auf den Weg gegeben.

Während seiner Lehrzeit wird dem mit siebzehn Jahren angeheuerten Schiffsjungen Edward J. Smith, dem
späteren Kapitän der Titanic, das widerspenstige, un-
belehrbare Gegenüber der Weltmeere noch vor Augen
gestanden haben. Eine Empfindung, die der bereits er-
fahrene, ozeankundige Kapitän einem Zeitungsjourna-

listen gegenüber in die mit Staunen erfüllten Worte fasste: »Wie kann es denn sein, dass das Schiff schwimmt und dass es immer wieder sicher im Hafen ankommt?« Worte, die sich in Luft auflösten, nachdem die von einem Fachblatt vorgebrachte Expertise die Titanic für unüberwindlich erklärt hatte. Die wache Gegenstimme fand keinen Platz im Kopf des Kapitäns. Wie ein »Verzauberter« überging er nicht erst in der Nacht vom 14. April 1912 den dringlichen Hinweis auf Treibeisfelder und Eisberge. Weder griff er in den Kurs noch in die Geschwindigkeit des Schiffes ein – oder erst, als es bereits zu spät war. Ein großflächiges Ausweichen, ein Beidrehen wären möglich gewesen. Der Mann, der sich einmal Fragen gestellt, Zweifel zugelassen hatte, in Zeiten, als er mit der Britannic, der Republic, Majestic, Baltic, Adriatic und Olympic die Ozeane durchquerte, wäre unzweifelhaft auf den Gedanken gekommen, es könnte, wie dann tatsächlich geschehen, das wahrgenommene Eisfeld sich vom Polarmeer unerwartet weit in Richtung Süden entfernen und die Situation entstehen, dass Bruchstücke, Brocken ausscheren, die möglicherweise dem Schiff in die Quere kommen könnten.

Sigmund Freud hat warnend vom »ozeanischen Gefühl« gesprochen, er nannte es einen »Weg zur Ableugnung der Gefahr«. Hier sind die Dinge nicht mehr erkennbar voneinander getrennt, sie sind einander zugekehrt, haben ein Bündnis miteinander geschlossen. Zwischen Southampton und New York, 300 Seemeilen südöstlich von Neufundland, hat das »ozeanische Gefühl« die Oberhand gewonnen. Es überließ das Schiff,

es war seine Jungfernfahrt, fremden Händen: einem
Sog, der in diesem Fall bis in den Ozean hineinreichte.

Der Sog ist seiner Form nach ein Schwarzes Loch.
Schwarze Löcher fressen Materie auf. Ein männlicher
Vorname im Koreanischen nennt sich Tan, ins Deutsche
übersetzt heißt das »Alles-Schlucker«. Das Sprechen
über den Sog hat selbst etwas von einem Sog.

Der Mann stand ganz still, dabei zeigte die Ampel Grün. Warum überquerte er die Straße nicht? Vielleicht weil die Hitze so groß war, die Luft roch versengt. Man bewegt sich ungern bei einer solchen Hitze. Ich ging auf die Kreuzung zu. Die Schritte passten nicht zu dem Mann und zur Sonne, sie hatten etwas unangemessen Leichtgewichtiges. Die Sonne und der Mann sahen stillgestellt aus. Möglicherweise hatten die Schritte etwas Falsches an sich, möglicherweise waren es unwissende Schritte. Mir standen in diesem Moment aber keine anderen zur Verfügung. Der Asphalt war außerordentlich glatt. Gleichförmig erstreckte er sich weit in alle vier Himmelsrichtungen. In Stein gegossen, trafen sie auf der Kreuzung zusammen.

Die Autos fuhren besonders langsam. Ihre Bewegungsart kam mir unausgeglichen vor. Es fiel mir auf, dass sich meine Schritte verlangsamt hatten. An der Fußgängerzone konnte es nicht liegen. Hier gab es nichts zu sehen, bloß die Aneinanderreihung von Geschäftsnamen und Fahrradständern. Auf der linken Seite eine Drogerie, rechts ein Fotogeschäft, wenig Fußgänger, kein Ort für Entdeckungen.

Ich konnte erkennen, dass der Mann an der Bordsteinkante direkt hinüber zur Kreuzung blickte. Man hätte dort etwas Dunkles, etwas schwer Erkennbares vielleicht wahrnehmen können. Aber es lag nicht in meiner

Absicht, mich damit aufzuhalten. Man ist nicht jederzeit dazu bereit und in der Lage, alles Mögliche sich zu merken, mitzubekommen und zu begutachten.

Der Mann war dick und trug ein weißes Hemd aus Kunststoffseide. Er stand noch immer unbeweglich da. Es ist vermutlich unsinnig, davon zu sprechen, es würde sich jemand mit seinen Füßen an einem Standort festklammern. Seine von Schweiß und Hitze aufgeweichte Gestalt hielt sich aufrecht wie eine Skulptur.

Ein Kettenfahrzeug wälzte sich über die Kreuzung. Dem Klang nach hätte es ein Panzer sein können. Aber auch ein Hochzeitsauto mit scheppernden Blechdosen. Es gelang mir nicht, die beiden Möglichkeiten trennscharf zu unterscheiden. Der Eindruck kam nicht durch bis zu meinem Hirn. Er blieb in einer Zwischenzone stecken, die sich teigig anfühlte. Sie störte und nahm zu viel Platz ein im Kopf.

Ich stand nun direkt neben dem verschwitzten Mann, entschlossen, den Fahrdamm zu überqueren. In diesem Moment sprang die Ampel auf Gelb. Die Straße sah gleißend aus. Festlich, aber auch fiebrig. Entzündet. Man konnte mit den Blicken verfolgen, in welche Weiten sie vorstoßen, wie sie in alle Richtungen sich auseinanderfalten würde. Sich durch die Felder schlug, durch die Weinberge raste. Wie sie Landschaften auslotete und donnernd in die Täler hinabstürzte. Ein hingestrecktes Netz von Gliedmaßen, das in Ortschaften vordrang, wetterbeständig, berstend vor Zweckmäßigkeit, Ebenmäßigkeit, Wohlgeformtheit. Steinerne Flut und stolzgeschwellte Kombinatorik aus Staub und Mörtel, aus Zahlenaufstellungen und Ingenieursverstand.

Der Mann schaute noch immer auf den dunklen Punkt, auf eine ganz bestimmte Stelle, auf ein undeutlich geformtes Etwas in der Mitte der Kreuzung. Sagen wir: auf ein Objekt. Das Objekt war wie gemacht für das teigige Gefühl im Kopf. Es passte in dieses Areal genau hinein. In das Zimmer, das sich aus heiterem Himmel häuslich in den Kopf hineingestellt hatte. Ein Zimmer, das reglos im Kopf herumstand. Hier war das Objekt unaufgefordert eingezogen. Es hinterließ eine fleckige, eine schmuddelige, eine schmutzstarrende Spur mitten im Kopf. Es hatte sich mit zäher Unausweichlichkeit an den Kopf herangemacht. Und machte ihn bei lebendigem Leibe zu seinem Eigentum. Es setzte sich in ihn hinein wie in sein Haus und Hof. Wie in sein Hab und Gut. Im Kopf saß ein Virus fest. Im Zimmer wütete eine Krankheit.

Die viergeteilte Straße sah in diesem Augenblick besonders schimmernd und geschliffen aus. Sie wirkte besonders geteert. Ihre Oberfläche professionell angelegt. Sie stand in diesem Augenblick ganz still in ihrem stählernen Glanz.

Der Sommer hatte mit heißem Licht und sirrender Luft auf die Kreuzung übergegriffen. Er hatte den Mann in sein Kunststoffgewebe eingeschweißt und sich auf meiner Haut abgesetzt. Die Innenseiten der Schenkel waren verschwitzt und stießen unter dem Kleid störend zusammen. Sie machten ein unbekanntes Geräusch bei jeder meiner Bewegungen.

Sommer herrschte auch in den Auslagen des Drogeriegeschäfts, links von uns. Mehrere Tuben mit Sonnenschutzcremes und aufgeklebten Preisschildern waren zu sehen. Schwerelos turnten die Zahlen und die Cremetuben in dem türlosen Raum inmitten des Kopfes herum, schrammten und rammten das Objekt, fegten an ihm vorbei oder ließen sich auf seiner schwärzlich schimmernden Haut nieder.

Eben noch hatte ich mich gefragt, warum der Mann bei Grün nicht über die Straße gegangen war. Eben noch hatte ich nur eine Erklärung dafür gehabt. Dass Bewegungslosigkeit ein Mittel gegen Hitzschlag ist. Dass, wer erstarrt, auch Energie einspart. Dass diese Hitze und versengte Luft die Totstellhaltung geradezu herausforderten. Aber seine Unverwandtheit hatte einen anderen Grund. Der Mann hatte die Ampel überhaupt nicht gesehen.

Ich konnte es, weil ich nun neben ihm stand, an der Stellung seiner Augen erkennen. Die Augen hatten etwas für sich gefunden. Das, was sie sahen, hatte mit dem Objekt zu tun. Dessen war ich mir sicher. Mit einer schillernden Form der Gewundenheit und Verdrehung. Mit einer Verbiegung und Verfälschung, die schon in meinem Kopf gewesen und jetzt in dem Starren und Stieren des Mannes wiederzufinden war. Es verlangte von mir, die Richtung, Blickrichtung des neben mir Stehenden aufzugreifen, der in hemdenhafter Unverwüstlichkeit bereit schien, hier für immer zu bleiben. Stillzustehen. Zu schauen. Stumm zu sein.

Wer weiß, auf welche Weise das Wesen überhaupt in meinen Kopf gekommen war. Im Kopf war es noch von meinem eignen Fleisch und Blut gewesen, hatte zutraulich meine Hirnschale bewohnt. Aber jetzt, ich brauchte nur dem Blick des Mannes zu folgen, hatte es sich von mir verabschiedet. Es hatte einen Trennstrich zwischen uns gezogen. Es hatte sich mit bestürzender Unmissverständlichkeit mitten auf der Fernverkehrsstraße niedergelassen. Fanatisch niedergelassen. Von seinem Anblick ging etwas Unmissverständliches aus. Eine gnadenlose Diesseitigkeit, die im Kopf nicht auch nur annähernd zu sehen gewesen war. Hingegossen, in den Achsen verdreht, verwinkelt, ein Etwas bildend.

Der Mann und ich schauten nun in dieselbe Richtung. Ich hörte sogar sein Atmen, so nahe standen wir nebeneinander. In seinen Bronchien rasselte etwas, das in ein Pfeifen überging. Das Pfeifen setzte sich fort und endete in einem hohen, soprannahen Laut, der eine Weile anhielt. Dann setzte das Rasseln wieder ein. Es bereitete sich auf den Pfeifton vor, der arienhaft in die hohe Stimmlage überging. Raucherasthma? Chronische Bronchitis? Eine vorübergehende Erkältung? Was hatte ich mit diesem Geräusch überhaupt zu tun?

Die Sonne stand direkt über uns. Sie bildete einen Bal-
dachin, ein grelles Dach über der Kreuzung. Die Ampel
stand noch immer auf Gelb. Ein Zeitloch öffnete sich
über diesem Tag, über diesem Land. Die Autofahrer
von gegenüber standen neben den Benzinsäulen als
Statuen herum, mit Schläuchen und Putzlappen in den
Händen. Ein Fahrzeug hatte jäh gestoppt, war auf der
Schwelle zur Kreuzung stehen geblieben, als würde es
mit ihr nichts zu tun haben wollen. Die Drogerieaus-
lagen, am Bildrand, mussten sich in einem lächerlich
aufgeweichten Zustand befinden, mussten etwas unver-
wandt Glotzendes angenommen haben.

Nun gab es nichts mehr, aber auch gar nichts mehr,
das mich hätte hindern oder zurückhalten können. Die
Stille kam direkt aus der Sonne. Nichts stand ihm entgegen, nichts hielt ihn auf, nichts konnte den Blick länger davon abhalten, sich dem Objekt Auge in Auge zu
stellen. Aus dem asphaltierten Boden stieg Erdenferne
auf. Als habe er den schmerzhaft konfusen Umriss einer fernen Kreatur selbst soeben zur Welt gebracht.
Als wäre es ihm allein nur darum gegangen, die denkbar
unvergesslichste Vision eines Fremdkörpers in diesem
Moment auf die Welt zu bringen. Das aufgelöste Gewin-
de eines Körpers zwischen Schwanz und Kopf.

Die Schlange ist eine Virtuosin der Anatomie. Sie zieht
ihren Schwanz wie eine Schleppe hinter sich her. Sie gleitet weich und verbeißt sich hart. Sie hat Zähne, Säfte,
Schuppen und Schärfen. Die Schlange hinterlässt ein
nachhaltiges Bild im Auge des menschlichen Betrachters.

Hier sprengt es den Rahmen, das Bild. Kein Bild. Verkörperung. In dieser schneeig strahlenden Hitzehelligkeit, vor aller Augen, weiß sie halbtot noch einmal ihre durchdringende, wilde Unbändigkeit ins Gedächtnis ihrer Betrachter zu stanzen.

Sie hatte aus Gründen, die mit allem Möglichen zu tun haben konnten, zu dieser Kreuzung gefunden. Keine Chance, über sie hinwegzublicken, weiterzugehen. Auch das geräuschvolle Atmen des Mannes neben mir brachte keine Gnadenfrist mit sich. Keinen wirklichen Aufschub. Ich ließ mich kurz auf diesen Rachen ein. Ich begleitete das Geräusch bis zu den Bronchien des Mannes und versuchte, mir ihren Zustand vorzustellen. Was nicht wirklich gelang. Weil sich das Bild erkrankter Bronchien nicht einstellen wollte. Nicht einmal das Bild eines menschlichen Brustkorbs. Und nicht einmal das Bild eines Menschen.

Der Mund atmete ein und aus, und der Mund redete. »So stirbt man als Schlange nicht«, sagte er. »Man lässt sich von hupenden Autos nicht so einfach über den Haufen fahren.« Die Stimme unterhielt sich. Mit sich selbst. Mit mir. Mit der Schlange. »Man rollt sich meinetwegen ins Gebüsch. Gräbt sich in eine Höhle ein.« Hatte ich vergessen, was ein Gesprächsangebot ist? »Eine Schlange, die als Verkehrsteilnehmer stirbt, ist wie ein Mensch, der im Weltraum umkommt«, sagte die Stimme. Ich wollte nicht hören. Ich wollte nur sehen. Man konnte doch nicht beides auf einmal tun.

Einige Autoreifen mussten sich bereits über sie hinweg-
gewälzt haben. Die Sonne stand punktgenau über dem
kleinen Schädel. Der Schädel zuckte in eckigen Bewe-
gungen. Linkisch, ungelenk hielt sich der gliederlose
Körper knapp über dem Asphalt, fest eingerollt in seine
Naturwelt. Er befand sich in einem kritischen Zustand.
Die Gangart einer Schlange hat kein Verhältnis zu den
Tempovorschriften des Straßenverkehrs.

Gerade hatte sie sich in einer grotesken Drehung auf-
gebäumt. Mit einer Bewegung, die ihrem Körper überhaupt nicht entsprach. In einem viel zu kantigen Zick-
zack. Oben tobte sie sich aus. Unten musste sie einer
schwer fassbaren Verschobenheit, schmerzhaften Ver-
winkelung Tribut zollen. In diesem Moment wechselte die Ampel auf Rot. Ein blutiger Farbton. Ein rei-
ßerisches Rot. Die Frage lag in der Luft. Es fiel mir
nicht ein, sie an den neben mir stehenden Mann zu
richten. Wie denn? Wonach? Ob ein Schlangenkörper
Blut enthält? Ob, wenn ja, es schwarz oder rot ist?
Wie hätte man diese Frage stellen sollen? Mit welchem
Wortlaut? Und warum sollte er es besser wissen als
ich?

Auf der Gegenfahrbahn setzten sich die Autos in Bewegung. Sie fuhren hinter dem Rücken des Tieres langsam auf die Kreuzung zu. Man konnte sehen, wie die
noch intakten Gliedmaßen der Schlange förmlich die
Flucht ergriffen. Die alten Impulse gingen ans Werk.
Es mochten sich Reaktionsketten im Körper des Tieres
gebildet haben. Bewegungsabläufe das Hirn durchei-

len. Der Kopf war zu einem Fühler geworden. Der Körper zu einem unbrauchbaren Schlauch.

Die Drogerie machte Mittag und ließ mit ruckartigen Schüben die Jalousien vor den Schaufensterauslagen herunter. Es klang wie eine Fanfare. Endlich Schatten für die Cremetuben, Hautöle, für die verschwitzten Lippenstifte, die Frotteelappen, die feuchtigkeitsspendenden Lotionen. Ohne Kraft hielt die Schlange sich aufrecht. Die Teerschicht glänzte wie Parkettboden. Der Mann neben mir machte eine nachbarliche Handbewegung. Er hatte die Rolle des Lotsen übernommen. Man konnte meinen, er habe von Anfang an am Rand des Bordsteins auf mich gewartet. »So gefährlich wie jetzt war sie noch nie«, sagte er. »Doppelt gefährlich. Noch im allerletzten Moment«, sagte er, »giftig, tückisch, verbrecherisch.« Aber es half alles nichts, mir war nicht nach Reden. Das vertrackte Eigenleben dieser Sekunde fasste, es griff nach mir. Ich musste allein das schwarze Lebewesen verabschieden. Ein grandioser Torso, grässlich, ergreifend, ein Verhängnis, das auf den Erdboden gefallen war wie ein Sternbild.

Es funkelte zu mir herüber. Kauerte, lungerte abrufbereit in diesem stillgestellten Organismus. In diesem Klumpen da. Geist und Schlangenwissen. Blütezeiten des Reptils. Es war alles zur Stelle, aber außer Kraft gesetzt. Nicht zum Einsatz, nicht zum Zuge kommend. Nicht in diesem Augenblick. Das gesamte Repertoire sammelte und staute sich über dem kleinen Kopf. Wüstengesänge und Tötungsdelikte im Dickicht. Grausame

Jagden und Tiergewalt. Zu Asche Gewordenes, zu
Staub Zerfallenes. Zellgewebsvergangenes. Rückgrat-
zertrümmertes. Hinterrücksheranschleichendes. Unter
sengender Sonne Erbeutetes und unter nächtlichem
Himmel wieder Ausgeschiedenes.

Die Ladentür im Inneren der Drogerie wurde mit einem eisernen Vorhang dichtgemacht. Die Scheibe
dämpfte das Geräusch von Ketten und Metallstangen.
Ein braunlackiertes Auto bog von der Tankstelle in die
Spur der Fahrzeuge ein. Von mir aus gesehen kamen
die Autos von rechts. Von der Schlange aus von hinten. Die Autos bildeten eine geschlossene Reihe. Die
Fahrer passierten die Kreuzung, es verschlug sie, ohne
dass sie nach ihren Angelegenheiten und Absichten,
ihren Gedanken und ihrer Glaubwürdigkeit, ihrem
Wohl und Wehe auch nur gefragt worden wären, in ein
Raubtiergebiet, in Wildnis und Beuteland. Sie kreuz-
ten ein Buschwerk. Gelangten in ein Unterholz. Schlu-
gen sich durch ein Gesträuch. Sie steuerten durch
Steppe und Savanne. Sie glitten durch Urwälder. Sie
hielten ihre Augen geradeaus gerichtet. Die Sonne zün-
dete die metallenen Dächer ihrer Fahrzeuge an. Sie ent-
kamen bei Grün. Entfernten sich eilig. Das braune Auto
war das schnellste von allen. Es machte sich aus dem
Staub, aus dem Sand, aus dem Erdzeitalter dieses Au-
genblicks.

Bald würde von ihr nichts mehr zu sehen sein. Jetzt
schon konnte der dunkle Fleck ein Schmutzfleck sein
und alles Mögliche bedeuten. Der Mann wollte endlich

die Straße überqueren. Es war das Beste, diese Gegend zu verlassen.

Es hatte gute Gründe gegeben, die Finca zu verabschieden. Und den Ozean. Die Berge und die Weinberge hinterm Haus. Zu Francos Zeiten hatte es als Schulgebäude des Dorfes gedient. Sein langgestreckter, in hellen Farben gehaltener Bau brachte die Vorstellung mit, in einem Schiff zu wohnen. Gleich würde es auslaufen, es würde den vor der Haustür liegenden Steilhang überwinden und mit einem Satz in den Wellen des Atlantiks landen.

Ich hatte mit dieser nicht enden wollenden Schwermut nicht gerechnet. Nach der Abwicklung des Verkaufs kam es mir so vor, als habe das Schiff nicht nur das Haus aufs Meer mitgenommen. Es hatte gleich die ganze Insel abgeschleppt. In meinen Augen war sie in eine ozeanische Ungreifbarkeit abgetaucht. Mitsamt ihren Bäumen, ihrer aufgeschlossenen Morgenfrühe, ihrer afrikanahen Sternennacht. Trügerisch, wie geträumt sahen die Pflanzen im Garten aus, die Ziegen und die Hunde, die durch den Ort gelaufen waren. Sie alle hatten sich davongestohlen. Nicht ich hatte Abschied von ihnen genommen, sondern sie von mir. Mein langjähriges Zuhause war zu einer *isla perdida* geworden.

Bis mir ein Freund einen sommerlichen Brief aus Italien schickte, in dem er sich über die Geckos in seinem Zimmer beschwerte. Die Tiere seien bis ins Hotel vorgedrungen. In einer Vier-Sterne-Unterkunft, schrieb der

Freund, müsste man vor ihnen eigentlich sicher sein dürfen. Die abschätzige Bemerkung gefiel mir nicht. Das hatten meine ehemaligen Mitbewohner nicht verdient. Jäh, heftig war dieser Gedanke. Ich sah sie auf einmal vor mir; freakig, urig, wie sie waren. Sie brachten Geräusche, ein Geraschel mit. Ich erkannte das knisternde Herumgekraxel der Tiere im Dachgehölz. Wie war es nur möglich gewesen, so lange nicht an sie gedacht zu haben?

Dabei besaß das Leben der Tiere oberhalb der Dachbalken etwas so Überzeugungsstarkes. Etwas so rundum Schlüssiges. Was damit zusammenhing, dass sich die Tiere um nichts anderes als um sich selbst kümmerten. Sie *checkten* mich nicht, ich war nicht das Objekt eines genaueren Hinsehens. Das war das Schöne daran. Für die Herumkraxler war ich nicht identifizierbar im Sinne von »Psyche«, »Homo sapiens«, »Individuum«. Sie hatten keinen Blick für mich, kein Kopfschütteln, keine Anerkennung. Null Vorstellung. Angesichts ihrer entschlossenen, ostentativen Tierhaftigkeit gab es keinen Zweifel daran. Die körnige Schuppenhaut, die klauenartigen Füße, ihr Auf und Ab an Wänden entlang, über Dachbalken und Fensterkreuze hinweg. Ihr lässiger Umgang mit der irdischen Schwerelosigkeit, mit der Unverlässlichkeit der Erdanziehungskräfte legte Zeugnis davon ab, dass hier ganz andere Reichweiten im Spiel waren.

Wenn ich während des Schreibens hochschaute, konnte es sein, eines der Tiere als Kruzifix minutenlang an der Wand hängen zu sehen. Die oberen Gliedmaßen gespreizt: so endgültig wie eine Legende. Die Geckos sterben nicht. Entweder sind sie lebendig, oder sie sind tot. Fort. Verlorengegangen, im Dachstuhl eingesargt. Ihre Kadaver wiesen immer auf eine Katastrophe hin. Man machte eine Tür zu, die knirschend in ihren Angeln das Tier zerquetschte. Seine Füße zogen es herab in eine mit Wasser gefüllte Badewanne. Auf den Boden einer Vase. Verdurstet, wüstenhaft ausgedörrt, hatten sich Luft und Hitze, Schicht um Schicht an das Tier herangemacht. Bis es sich vollständig verwandelt hatte und zu einem aufgeschlagenen Anatomiebuch geworden war; ein fein gegliedertes Skelett war zu sehen. Körperlicher Abdruck eines beispiellosen Virtuosentums.

In einem Hotel ist eine Kreatur wie diese eine Landplage, auf einer atlantischen Insel eine lautlos wirkende Anziehungskraft. Jetzt hatte sie mich, nach so vielen Jahren, wieder im Griff. Die Insel. Die beschränkte Optik des Freundes, der Blick aus der Perspektive des Hotelgastes hatten mich in Fahrt gebracht. Hatten meinen Blick entzündet für den radikalen Lebensstil der Echsen, für ihren naturkundlichen Alleingang. Eine Spur, die mir die Insel auf eine noch nie gesehene Weise zeigte. Als einen Schauplatz. Nicht als Landschaft oder Naturreich. Sie machte Platz für ein Beiseitetreten, weg vom ozeanischen großen Ganzen. Für Konturen in Sichtweite. Ich sah den Abendbrottisch meiner Nachbarin, Señora Thomé, deutlich vor mir. So vorsichtig tastend hatte sie noch niemals ihre Suppenschüssel auf dem Tisch abgesetzt. Und mir noch niemals so nachdrücklich wie jetzt ins Gesicht geschaut. Von Geburt an blind, wollte sie sich die weiße Kugel ganz genau ansehen. Die Kugel, die sich schaukelnd als mein Gesicht vor ihren Augen durch die Luft bewegte.

Auch die Augen der anderen Dorfbewohner hatten sich verändert. Augen? Das wäre zu wenig gesagt, es waren Augenagglomerate! Prüfend, nachprüfend arbeiteten sie sich durch den Tag. Ihr Blick schoss aus den Backstuben heraus, er schnellte in die Fenster der vorbeifahrenden Autos. Verfolgte das Auf und Ab der sich über ihr Gemüsebeet Bückenden. Schon hatte der Blick die Hacke erspäht. Die Hacke, die es nicht geben durfte, die *azada*. Nicht hier, das heißt, nicht im Garten von Señor Thomé. Die Hacke, die mit fehlerloser, aber eben auch unerlaubter Regelmäßigkeit ins Erdreich geschlagen wurde. Auch der Invalide Thomé war an eine Aufgabe gebunden, hatte Pflichten zu erfüllen. Invalide Thomé hatte sein zerschossenes Bein zu Geld gemacht. Der Staat hatte es von ihm gekauft, pünktlich gingen monatlich die Zahlungen ein, wurde das in Francos Krieg zerschossene Bein ratenweise erworben. Die Augen der Nachbarn ruhten auf dem abwesenden Bein. Ja, wenn er sich in diesem Zustand ein Beet anlegen konnte! Ja, und die Hacke so gekonnt wie keiner im Dorf heben und senken konnte! Morgen würde er womöglich ein ganzes Haus errichten. Die Augen dachten weiter, dachten fort. Sie sandten bescheidene Zettel ins Bürgermeisteramt. Mit fehlenden Unterschriften, mit zurückhaltenden Adressenangaben. Überraschend für Señor Thomé waren die monatlichen Zahlungen eingestellt worden. Das weggeschnittene Bein war ab sofort nichts mehr wert. Die Augen ließen los, ließen ab von Señor Thomé, sie gaben Ruhe. Sanftmütig beinahe. Mitfühlend.

Vielleicht lag es am Klima, an den südlichen Überbelichtungen, große Worte kamen ihnen, den Thomés, den Arturos, Antonios, den Chichas und Chlorindas, wie von selbst über die Lippen. Sie unterhielten eine ganz natürliche Beziehung zum Exzess. Die Sonne hatten sie gratis, mit der schmetternden Pracht ausgeleuchteter Stellen. Der Schatten musste mühsam gefunden werden. Señora Chlorinda berichtete mir flüsternd von einer Neuigkeit, in ihr kamen die Worte »Kolumbus« und »Amerika« vor. Und eine Jahreszahl. 1492. Von meinem Grundstück aus habe er sein Schiff bestiegen. Sie zeigte auf den *barranco*, auf die zum Meer hinunterführende Schlucht. Sie würde auf der Insel zum Schulstoff gehören.

Ich lachte, lachte die Nachbarin aus, winkte ab. In Wirklichkeit aber, das weiß ich jetzt, hatte sich Señora Chlorindas Nachricht umgehend im Garten niedergelassen. Es war mit Händen zu greifen, dass sie dort häuslich Quartier bezogen hatte. Sie machte sich in den Sträuchern breit, der »Aufbruch nach Amerika« lag in der Luft. Kolumbus und 1492 waren in den Boden eingedrungen. Das war so deutlich zu erkennen wie die Suppenterrine auf dem Abendbrottisch von Señora Thomé und das Akrobatentum der Geckos. Ich hatte das Gefühl, die Wirklichkeit machte erneut, nach so vielen Jahren, gemeinsame Sache mit mir. Mal stürmte es vom Atlantik her, mal stand der Sommer im Garten. *De aquí de eso jardín*, hatte Señora Chlorinda gesagt und mit komplizenhafter Gebärde auf die Hängematte und den Drachenbaum gezeigt. Der Garten hatte mit einem dünnen Faden Verbindung aufgenommen zu einem unvorstellbaren Leben auf See. Zu einem Schiff, das landen würde in einem Nirgendwo, an einem Ort, der unserer Welt entgangen war. Das Nirgendwo selbst war natürlich vom Garten aus nicht zu sehen. Das menschliche Auge ist nicht dafür ausgebildet, einen Ort aus so großer Entfernung erkennen zu können. Aber sie waren da, die Umrisse. Und mit ihnen das Abenteuer einer Entdeckungsreise. Dank Kolumbus reichte der Garten in die Neue Welt hinein. Der Gedanke daran ließ die Radieschen, den Feigenbaum und über den Zaun hinweg die Nachbarn und ihre Hühner und Hunde mit einem Bein schon fast in der Schöpfungsgeschichte stehen.

Und weiter zur gleißend weißen Blüte der »Königin der Nacht«. Nur im Dunkeln zu sehen und nur ein paar Stunden lang. Darum ja musste sie so gleißend sein. Ihre Sprengkraft kam aus dem Nichts, kein Mensch weiß, aus welchem Feuer dieser Vulkan sich ernährte. Mit weit aufgeschlagenen Augen drängte sich das unfassbare Pflanzengesicht in die Schwärze, in die Stunden des Nachtessens und der geöffneten Weinflaschen auf den Tischen der Arbeiter und Landbesitzer. Nur kurz, wie gesagt. Der Verfall dieses Blühens setzte so beschleunigt ein, als würde die Natur Zeitrafferqualitäten haben. Eine greisenhafte Erschöpfung machte sich zuletzt über die Blüte her. Abwärts verlaufende Faltenbildungen und Zerfurchungen riefen am nächsten Morgen ein Gefühl für den Radikalismus im Herzen des Universums hervor. Die Blüte ging zugrunde im Augenblick ihres größtmöglichen Gepränges. Ihr weißes Licht: ausgeknipst. Sie hatte als Fremdkörper gelebt, als eine unwillkürliche Ausstülpung, die kurz aus dem trockenen, schuppig graugrünen Stamm des Kaktus hervorschießt. Heimatlos, ein visionäres Gewächs. Seine Krone sah danach so aus wie ein von Kindern beschnittenes Stück Papier, das von nichts mehr weiß.

Auch der Bergbauer Vicente trat neu ins Bild, und zum ersten Mal war sein Gesicht zu sehen, hatte es sein Versteck verlassen. Einmal in der Woche brachte er Gemüse ins Haus. Um herzukommen, hatte er mehrere Täler durchquert. Wortlos stellte er zwei Tüten vor der Küchentür ab, die Preisgestaltung war mir überlassen. Was war ich ihm schuldig, welche Richtlinien sollte ich anlegen? Er hatte einen langen, abschüssigen Weg bewältigt, sollte ich also die Anzahl der Kilometer bemessen? Wie sein Wissen honorieren, das sich auf Witterungsverhältnisse, Pflanzenwuchs und Bodenbeschaffenheit verstand? Und seine immer pünktliche Lieferung, sein Pflücken, Ausgraben, Einsammeln und Säubern des Gemüses? Seine Sträuße aus Spinat und Mangold, die Atemlosigkeit, mit der er seine Tüten vor mir abgesetzt hatte? Er sah mir ruhig dabei zu, wenn ich die Papaya prüfend betrachtete, den Kohlkopf befühlte. Wie teuer ist sein geduldiges Neben-mir-Stehen? Wie viel kostet mich das gute Gefühl, dass nicht ich all das hatte zustande bringen müssen, sondern er, Vicente?

Sollte ich ihm meine Finca dafür schenken? Den Zitronenbaum für ihn ausgraben? Ihm neue Schuhe aus Deutschland mitbringen? Wenn ich das tun würde, hätte ich mir den Ruf einer *Loca* und *Chiflada*, einer Verrückten und Hexe, eingefangen. Zudem würde Vicente seine Kundschaft verlieren, weil er mit einer Kundin wie mir die Preise nach oben trieb. So übergab ich ihm 40 Euro. Ich werde niemals wissen, ob der Betrag eine Enttäuschung oder eine Überwältigung für ihn gewesen ist. Vicente und sein Zwei-Minuten-Auftritt. Ein eiliger Gemüseausträger, schon wendet er sich ab. Schon befindet er sich auf dem Rückweg, verschwindet hinter dem erstbesten Felsen, schon ist er in Vergessenheit geraten. Wie eingewoben in sein eiliges Fortgehen. In seine Unscheinbarkeit, seine Entbehrungen. Für mich die unstrittigste Figur eines Augenzeugen. Er kann es am besten. Bestätigen, dass es mich einmal gegeben hat. Zwischen einem Funken von Ewigkeit und dem unentwegten Gequake von Fröschen im Echoraum der Wassertanks.

Fremdgeführt. Ein kleiner Mensch, 152 cm groß. Seine Freunde haben ihm ein Klavier anfertigen lassen; körpergerecht. Schluss mit dem nach oben geschraubten Stuhl oder den unausgesetzt in die Höhe gestreckten Armen. »Von Anfang an gab es ein Problem mit dem linken Lungenflügel«, sagt der Fremdenführer über Edvard Grieg. Und dass die Tochter dreizehnjährig an einer Hirnhautentzündung gestorben sei. Dicht gedrängt, uns gegenseitig auf die Füße tretend, bewegen wir uns durch das ausladende Meublement von Troldhaugen.

Es gibt Fragen zum Lungenflügel, zu den Eindellungen der Brust. Sie hätten sich kaschieren lassen. Mithilfe der übereinandergeschlagenen Arme, des künstlich aufgebauschten, mehrfach unterfütterten Jacketts. Der Fremdenführer kennt sich aus. Bald werden wir das Gleiche von uns sagen können. Nun wendet er sich den Problemen des Schülers zu. Für den Schulweg habe er mehr als eine Stunde gebraucht, er hasste den Unterricht. Bei Regen war er so durchnässt, dass er, um einer Erkältung vorzubeugen, nach Hause geschickt wurde. Listig habe er an sonnigen Tagen vorgetäuscht, in einen Schauer hineingeraten zu sein, hatte sich unter eine tropfende Regenrinne gestellt oder an einem Brunnen Halt gemacht. Dann aber trat ein Spielverderber auf den Plan. Der Mathematiklehrer hatte Verdacht geschöpft und den lernfaulen Schüler dabei beobachtet, wie er sich von oben bis unten aus dem Brunnen bediente.

Wenn in Norwegen Griegs *Nordischer Tanz Nr. 2* zu hören ist, jubeln die Kinder. Es ist die Erkennungsmelodie des sommerlichen Eiswagens, sagt der Fremdenführer. Dann hält er zwei Fotos in die Höhe und weist uns auf die Ähnlichkeit zwischen Grieg und Albert Einstein hin. Ein ungläubiges Gemurmel macht sich breit. Noch eine neue Erkenntnis. Im Wohnzimmer darf fotografiert werden. Alles, was so herumsteht; die voluminösen Samtfauteuils mit der nach hinten gekippten Rückenlehne, die Marmorbüsten, Blumentöpfe und die Kerzenhalter. Der Fremdenführer wird eine Menge Trinkgeld bekommen, denke ich. Er entlässt uns mit der Nachricht, in Troldhaugen habe Grieg sich deshalb angesiedelt, weil sein Freund, der Musiker Frants Beyer, nicht nur ein Haus dort hatte, sondern in Norwegen auch der erste Besitzer eines Telefons war.

Tanzen mit Fritz Wunderlich. Der Vater, immer noch berufstätig, schon im Alter eines Rentners eigentlich, hatte es geschafft. Mit dem Sänger Fritz Wunderlich war ein Vertrag zustande gekommen. Die beiden Herren mochten sich, man traf sich zum Abendessen, und es wurde sogar ein gemeinsamer Ballbesuch verabredet. Dem Ereignis angemessen, ließ die Hausschneiderin sich eine Tüllmontur für mich einfallen. Der zitronengelbe Stoff musste eine Stärkungsprozedur sondergleichen hinter sich gebracht haben. Er hatte etwas Unverrückbares, schwer in Bewegung zu Bringendes an sich.

Kurz gesagt, er versorgte mich mit einem Anblick, der an eine Festung denken ließ. Mir war es nur recht, sie harmonierte perfekt mit meiner damaligen Gestimmtheit. Ich wusste, dass noch viel zu tun blieb. Es fehlte noch alles, Reisen, Begegnungen, Literatur und Erfahrungen. Aber das machte nichts, mit einem Bein fühlte man sich bereits angekommen. Und das reichte, um dem eigenen Auftreten einen gewissen Nachdruck zu geben, eine Spur von feierlicher Strenge. Alles das unterfüttert von der Befürchtung, entlarvt zu werden. Als Hochstaplerin. Eine in diesem Alter unvermeidbare Begleitfigur, mit deren Hilfe man die Einbildungskräfte auf Trab bringen konnte.

Zuhause ließ man die Begabung des Sängers Revue passieren, sein Pianissimo bei den Schubertliedern, die hohen Lagen bei Taminos Arie *Dies Bildnis ist bezaubernd schön*. Mir fiel es zu, seine Schwäche fürs Kuriosum kennenzulernen. Das Kuriosum war *ich*: eine gedankenversunkene, herbe Fünfzehnjährige bei ihrem ersten Ballbesuch. Er schob das wenig vielversprechende junge Ding dennoch begeistert und ziemlich ausgiebig über die Tanzfläche einer in Stuttgart gelegenen Festhalle. Der Monolog, den er auf mich, die kleine Eiskugel, losließ, musste irgendeinen ernsthaftigkeitsauflösenden Bestandteil enthalten. Ich hörte mich immer häufiger laut lachen, es machte Spaß zu tanzen, zuzuhören. Schon seine erste Frage klang nicht übel, erschien mir vertrauenerweckend. Ein passabler Start, wie ich fand.

Ob auch ich, berechtigterweise, der Auffassung sei, die Tenöre hätten sich lebenslang mit dem Problem ihrer Dummheit abzurackern. Man *muss* sie für Idioten halten, sagte er lachend. So ohne Scheu waren die Worte. Mutwillig, dabei leger, eine tolle Mixtur. Man sollte sich nur einmal vor Augen führen, unter welchen Bedingungen ihre Stimmen zu Ruhm und Ehre gelangen würden. Er kam mir auf einmal wie ein Spielkamerad vor. Zum Glück hatte das Orchester sich für einen Foxtrott entschieden, der tanzte sich wie von selbst. Stocksteif stand mein gelbes Kleid wie ein Bollwerk zwischen uns. Es hätte mich nicht gewundert, wenn es plötzlich zu knattern begonnen hätte. Soll es, dachte ich. Bei diesem Lärm hier würde man es ohnehin nicht hören.

Man spielte jetzt *Que Sera, Sera*, ich war neugierig, wie es weiterging mit den Tenören. Auf dem Weg, sich in eine Sippe von Hiobsfiguren zu verwandeln, schienen sie das Missgeschick gepachtet zu haben. Das Walzerlied laut übertönend, wurden mir die Aufgabenstellungen der zur Kopfstimme ausersehenen Sänger zugerufen. Ein offenbar an Lächerlichkeit nicht zu überbietendes Unternehmen. Geduldig wie sie seien, könne man den Tenören alles abverlangen. Wie hier jemand, selbst ein Tenor, sein Handwerk so grenzgängerisch in Worte fasste, machte mich stumm. Vor Staunen. Die nächste Attacke war auf ein mir aus dem Biologieunterricht geläufiges Wort gerichtet. Es lautete »Gaumensegel«. Das Gaumensegel erwies sich als komödienreif, die Stimmbildungsprozedur der Tenöre als Lachnummer. Jedenfalls in der Darstellung meines ausgelassenen Gegenübers. Weit weg von Franz Schubert brachte sich seine Stimme durchdringend zur Geltung; ohne Rücksicht zu nehmen auf die neben uns Tanzenden. Dieser Ungeniertheit vertraute ich: eine Mittelstufenschülerin, eine tanzfreudige. Sie war durchlässiger, aufnahmewilliger als gedacht, ihre Pose des um Gelassenheit bemühten »Ich-gehöre-nirgendwo-Hin«.

Es sei das Gaumensegel, so hörte ich, das den Weg zur Kopfstimme freilege. Allerdings nur, wenn es hochgehievt, nach oben gestemmt werde. In meinen Ohren klang das Ganze nach Ingenieurskunst. Und jetzt passen Sie auf! Ich weiß, dass wir mitten im Takt, mitten unter den tanzenden Paaren stehen blieben. Um der zu erwartenden Pointe Platz zu machen. Am nachhaltigsten würde die Gaumensegelhochstellung funktionieren, wenn der Sänger so tue, als würde er, jetzt kommt's!, ein Gähnen unterdrücken! Eine Satire, rief ich. Es würde sich dadurch, Achtung!, Achtung!, der Raum hinter den oberen Backenzähnen anheben. Endlich, endlich sei die Kopfstimme an ihren Bestimmungsort gelangt. Zeitgleich, als hätten sich die Dinge verabredet, setzte die Tanzkapelle zum Schlussfortissimo von *Que Sera, Sera* an. Bei dieser Lautstärke hatten die letzten Worte den Lärmpegel einer Posaune angenommen. Ohne dass das Gesicht des Ausrufers neben mir sein Feuer, seinen Übermut verloren hätte. Er brachte es fertig, sich nahe anzufühlen, ungeachtet des öden Gehämmers der Musik und der hochgradigen Eigenart des Gespräches.

Ich sah das Bild der oberen Backenzähne vor mir und wie der Gaumen so tat, als würde ein Gähnen sich anbahnen. Jetzt habe er mir Mozarts Tamino versaut, hörte ich ihn sagen. Machen Sie sich keine Gedanken darüber, antwortete ich so leicht und leise, wie es die Musik mir erlaubte. Als Nächstes war ein Cha-Cha-Cha mit Händeklatschen dran. Wir blieben noch einen Moment mitten unter den Tänzern stehen. Ein Foxtrott, ein langsamer Walzer und eine Rumba, wir hatten etwas daraus gemacht. Dabei war seine schöne Stimme nur lärmend, nur im Donnerton zu hören gewesen. Man war den anatomischen Gegebenheiten der Kopfstimme nähergerückt, und mein Kleid im Burgfräulein*look* hatte für Verwunderung gesorgt. Das Zeitsystem hatte stillgestanden, deshalb war alles auf einmal passiert. Zwei Ballbesucher hatten ein winziges Stückchen Leben miteinander geteilt.

Kurz hatte ich zu unserem Tisch hinübergeschaut. Die Frau des Sängers und meine Mutter waren zusammengerückt und beäugten uns aus der Ferne. Möglicherweise schon die ganze Zeit. Später nahm meine Mutter mich zur Seite und verlangte von mir, an diesem Abend nur noch mit meinem Vater zu tanzen. Sie hatte sich schon oft in der Rolle des Quälgeistes gezeigt, das war vielleicht einmal ihr gutes Recht gewesen. Wenn das Kind seine Schularbeiten nicht machen wollte. Oder zu früh im Jahr barfuß im Garten unterwegs war. Dieses Mal fühlte es sich anders an; unverhältnismäßig, gewalttätig.

In den Zimmern ist es auf einmal Abend geworden, innerhalb von Minuten ist das Licht von elf Uhr früh auf neunzehn Uhr abends vorgerückt. Das Telefon klingelt, aber niemand nimmt den Hörer ab. Jetzt, da jeder sich minutenlang verschlagen fühlt in eine andere Erdgeschichte, ist ein Telefon lästig. Man möchte es sogar vergessen können. Auch andere Gegenstände, eigentlich alles, was nicht genauso aus der Zeit herausfällt wie dieser vorübergehende Beleuchtungseffekt.

Nach genauer Berechnung des Winkelmaßes kann der Mond in diesem Augenblick gar keine andere Stellung haben. Die Sonne sowieso nicht. Die Naturgesetze arbeiten wie immer, wie an jedem anderen Tag auch. Rund um die Uhr verlangen sie den Himmelskörpern einen ganz bestimmten Kurs ab.

Ein Passant steht im Eingangsbereich einer Apotheke und hält sich die schwarze Brille vors Gesicht. Das bisschen Lichtveränderung. Aber was ist aus der Ladenzeile geworden? Eine Milchstraße. Er taumelt leicht. Vom langen Hinschauen und Kopf-oben-Halten?

Es ist kühl geworden, einige Leute stehen in der verfrühten Dunkelheit herum. Jeder für sich fühlt sich in einem anderen Niemandsland untergekommen; nicht mehr von dieser Welt, aber von wo dann? Der Schauplatz liegt im Schwarzweiß-Bereich, mit einer Farbe hat das hier nichts mehr zu tun. Entweder befindet man sich in einem frühen Film oder im Herzen einer fremden Galaxie.

So oder so ist man auf alles gefasst. Dass plötzlich die Kleider wegfliegen, die Haare ausgehen, die Arme abfallen, die Köpfe abgeschafft werden. Und ohne dass auch nur ein leises Gefühl von Verwunderung aufkommen würde. Auch von Verwundung nicht. In diesem Moment wird alles zu einer Frage von Magnetfeld und Materialverdichtung.

Lautlos hat sich ein Absprung in eine andere Schöpfung vollzogen, in ein Vorhaben, weit weg von unserem jetzigen Leben, von Säugetiervorrichtungen und Zellsystemanlagen, von Menschengestalt und von bewohnbarer Erde. Der Mann steht immer noch vor dem Eingang der Apotheke, das Wort »Zwielicht« geht ihm durch den Kopf. Es macht ihm die Dinge leichter, erklärlicher. »Heruntergedimmt« wäre ein anderes Wort, jede Wohnzimmerlampe hat das heutzutage im Repertoire. Er stiert noch immer nach oben.

So wie Sonne und Mond im Moment zueinander stehen, macht der Planet einen schlecht weggekommenen Eindruck. Woher nur seine Entschlossenheit, sich für einmalig zu halten? Woher diese unbeugsame, verbissene Phantasie? Der Mann hat die Eingangstür der Apotheke aus dem Auge verloren. Ein fremdes Gewebe von Dasein hat ihn gepackt und setzt ihn probeweise auf Erdbällen, Weltkugeln ab, wo Wärme und Kälte, innen und außen vertauscht, in ihrem Verhältnis gestört oder grundlos vollkommen verschoben sind. Im Raum, im endlosen Äther, eine dickflüssige Verteilung von Luft und klebriger Nässe vielleicht, ein ständiges strömendes Rauschen, ein Hintergrundrauschen, es flitzen schnipselweise die Firmamente vorbei. Weltteile, die sich selbstvergessen voneinander wegbewegen. Keine Wirklichkeit, die wir verstehen.

Was heißt da Wirklichkeit, und wer ist wir? Als eine »minder-zweckmäßige Form« werden wir von Immanuel Kant bezeichnet. Aber wie leistungsfähig sie ist, wie belastbar dann doch. Wie sie es immer wieder hinkriegt. Es sich immer wieder zurechtbiegt. Einrenkt und ausbügelt. Auch jetzt wieder. Die Sonne blinkt bereits ein bisschen rechts am Mond vorbei, schon fällt ein Schattenstückchen, ein Klümpchen von Licht wie gewohnt in die Straße. Die Apotheke rückt sich zurecht, der Mann hat genug gesehen.

Er setzt den ersten Schritt, er zieht den anderen Fuß langsam nach, die Gehwerkzeuge sagen Ja, man sieht ihm seine Unruhe nicht an. Er fragt sich, ob er einer Vernichtung zugeschaut hat. Oder einem Traum. Er geht. Das Gebiet hat sich aufgehellt. Die Straßen halten still.

Der Schaukasten

Auf der Gasse eine schmerzhafte Enge in der Brust, Atemnot. Der Tod in Folge eines Schlaganfalls, plötzlich und unerwartet. Es musste nun alles sehr schnell gehen. Zügig zog man ihm die Haut vom Körper und stopfte ihm die Zeitung in den Bauch. Es musste der Hohlraum ausgefüllt, eine Art von Abdichtung geschaffen werden. Möglichst umgehend, bevor die Gewebeflüssigkeit austrocknen würde. Ohne Füllmaterial würde die Form nicht überdauern.

In seinem Bauch befand sich nun also die Meldung des Tages. Nicht irgendeine, es sorgte ein anderer Tod zum gleichen Zeitpunkt für eine Sensation. Die russische Zarin, Katharina die Große, war gestorben. Die Wiener Zeitungen hatten Extraausgaben gedruckt. Es wurde von einem Stück Kordel berichtet, das zu einem Hustenanfall, dann zur Erstickung geführt haben sollte.

Wie jeden Morgen hatte Soliman das Kaffeehaus aufgesucht. Dort wusste man schon davon, es war von nichts anderem die Rede. Wie war es nur möglich, dass eine Zarin an einer Kordel stirbt? An einer schneeweiß gewirkten, feingliedrigen Seidenkordel, wie man inzwischen wusste! Mit einem derartigen Lebensende kann niemand, schon gar nicht eine Zarin, zufrieden sein, dachte Soliman auf dem Heimweg. Nicht einmal ein Kalfaktor oder ein Droschkenkutscher.

Da war es passiert. Er stürzte. Und glitt unerwartet weich direkt in die Arme eines Passanten, der ihn hatte torkeln sehen. In diesem Moment war Soliman bereits tot. Es hatte wohl mit der Hitze an diesem Tag zu tun. In jedem Fall mit der hochgeschlossenen Livree, deren Kragen die Halsschlagader beengte. Von da an befand er sich in der Mittagssonne liegend, auf Kopfsteinpflaster gebettet. Bis man ihn endlich in eine Remise hineinschob, zwischen die Fuhrwerke irgendeiner Herrschaft von Wien.

Er wurde notdürftig hergerichtet. Die damaligen Wiederherstellungsmaßnahmen – eine Katastrophe! Heutzutage verfügt man über Kunststoffe. Haltbar, dabei elastisch und vollkommen geruchlos: So konnte man heute auf der Welt gewesen sein. So ließ es sich sterben. Man sah im Nachhinein viel echter aus als in der Wirklichkeit.

Das Blut war inzwischen bis auf den letzten Tropfen abgeflossen, das Skelett von einer Todesmeldung aus Russland in Form gehalten. Das Weitere hing von den Versprechungen führender Mediziner ab. Ausdrücklich hatten sie ihm zugesagt, ihn unsterblich zu machen. Sie hatten es ihm feierlich versprochen, geschworen hatten sie es ihm. Ihre Absicht war es gewesen, ihn zu einer Berühmtheit zu machen, von Anfang an hatten sie ihn unter ihre Fittiche genommen. Sie hatten ihn als Kammerherrn zu ihrer Tafel geladen, ihn in Silber und Gold gekleidet und durch ihre Häuser geführt.

Es waren die Mediziner gewesen, die ihn für museumsreif erklärt hatten. Der Sklave war zu einem Mann mit Turban geworden. Als Knabe hatte er aus seinem Gebüsch herausgefunden, aus einer Lehmhütte in Nigeria. Ein plötzlich einsetzendes *blackout* hatte dafür gesorgt, dass er sich an seine Familie nicht mehr erinnern konnte. Ausgelöscht waren ihre Gesichter, ihre gebückten Rücken über der Feldarbeit, das enge Kauern des Nachts, kaum ein Liegen auf dem Boden der Hütte. Das *blackout* hatte nichts von ihnen übrig gelassen. Soliman war abstammungslos, zu einer glorreichen *Erscheinung* geworden.

Die Fürstenhäuser waren wild auf die *Erscheinung* gewesen. Aus seinem Mund kamen Weltsprachen. Latein, Italienisch, Französisch, Tschechisch, Wienerisch. Sie holten das Beste aus ihm heraus: *A star was born*, auf höchster höfischer Stufenleiter. Ihn wollte man instand halten so lange wie möglich. Die Mediziner sprachen davon, die Verfallszeit des Leichnams zu verzögern. Soliman sollte dem Menschheitsgedächtnis erhalten bleiben. Nicht irgendein normalweißer Mann aus Wien, sondern *er*.

Entsprechend fielen die groß aufgezogenen Absprachen mit den Anatomen aus, die Beratungen mit der medizinischen Fakultät. Im aufgeschnittenen Zustand sollte er überleben, unter Beobachtung stehend, in luftundurchlässigen, gesicherten Verhältnissen. Dann aber passierte ein Unglück, Soliman passte, so fand man, nicht in die vorgesehene Sammlung hinein. Auf die

Umstände dieser Entscheidung ließ sich später mithilfe wissenschaftlicher Recherche nur schwer zurückgreifen. Aber von Anfang an gab es Streit: Man war sich uneinig darüber, ob er in seinen silberfarbenen Frack gekleidet vor die Museumsbesucher hingestellt werden sollte oder in der blauen Samtuniform mit den Perlschnüren, den Kopf eingehüllt in die weiße Haube.

Es hatte sich inzwischen eine andere Abteilung für zuständig erklärt, erhob Anspruch auf den toten Mann. Immer weiter entfernte sich sein Fall von den ausdrücklichen Vereinbarungen. Auf einmal war von Frack und Samtuniform keine Rede mehr. Die Hofbeamtenexistenz wurde zum anthropologischen *Exempel* heruntergestuft. Er war zu einer Menschenzierde geworden. Im Fußgestell zwar, aber exemplarisch.

Man hatte ihn hinter Glas in einer sumpfigen Gegend abgesetzt. Eine unerklärliche Palme stand neben ihm. Ein toter Vogel, künstlich fliegenverklebt, lag ihm zu Füßen. Im Hintergrund ein Felsen, wie man ihn noch niemals gesehen hatte. Und Nagetiere, auch sie von unbekannter Herkunft. Der Turban war bei dem Direktor auf Ablehnung gestoßen. So umkränzte man den Kopf mit einer blauroten Federkrone. Straußenfedern umsäumten zusätzlich das prächtige Gebinde. Sie wiederholten sich in Weiß als Lendenschurz.

Die Finger waren an Handschuhe gewöhnt gewesen. Nun hielten sie, unangenehm nackt, Pfeil und Bogen. In der Nachbarvitrine, links von ihm, waren zwei hingerichtete Deserteure untergebracht. Rechts ein Invalide: ein Mann, der seine Hände in die Höhe streckte, die jeweils nur zwei Finger vorwiesen. Hatte der Medizinische Sektionschef versagt? War der Museumsleiter falsch informiert worden? Hatte er nicht verstanden, mit wem er es hier zu tun hatte, mit welcher Art von Zelebrität? War dem Museumsdirektor etwas vorzuwerfen? Eine nicht wiedergutzumachende Entscheidung, gezielt am Sektionschef vorbei?

Die Mutter zum Beispiel. Wenn sie vom Friseur zurückkam, sah sie aus wie ihr eigenes Porträt. Künstlich nachgeahmt. Da war das jedes Mal nach ihrer Rückkehr neuartige Gelb. Und das Haar selbst sah viel üppiger aus als sonst. Als hätte es sich vermehrt, wäre in gesteigerter Geschwindigkeit nachgewachsen. Die mir bekannte Mutter gab nur noch schwache Lebenszeichen von sich. Alles zusammengenommen ein immer wieder aufs Neue gewöhnungsbedürftiger Eindruck.

Einmal sollte ich ihr im Friseursalon eine Nachricht des Vaters überbringen. Er selbst würde sich nur ungern dort aufhalten, gestand er mir. Ich hatte nicht damit gerechnet, in einen Raum zu geraten, in dem unzählige Frauen unter großen Hauben Stuhl an Stuhl eng nebeneinandersaßen. Noch weniger mit der Tatsache, dass sie so überraschend ähnlich, eher schon vervielfacht wie ein und dieselbe Person aussahen.

Die Unvergleichlichkeit der Mutter hatte immer auch etwas Verstörendes an sich. Aber das deckungsgleich vervielfältigte, mit einem metallisch glänzenden Riesenhut ausgerüstete Wesen rückte sie nun vollends ins Aus. Das Bild stellte einen Angriff auf die mütterliche Einmaligkeit dar. Sie konnte sich in eine furchterregende Ferne hochschrauben. Jetzt aber, in der Vielzahl ihrer Nachbildungen, war sie zwar unübersehbar, aber eben auch ihrer Unvergleichbarkeit beraubt. Ziellos

235

lief ich auf eine der Nachbildungen zu und streckte ihr den mir vom Vater übergebenen Zettel entgegen. Von einem anderen, weiter entfernten Platz sah ich eine Dame mir lebhaft zuwinken. Es musste die Mutter sein. Wenn sie mich auch nicht zur Begrüßung wie sonst umarmen konnte. Wegen ihrer Gefangenschaft unter dem merkwürdigen Hut. Und weil sie vielleicht nicht hundertprozentig die Mutter war.

Im Hochsommer stand sie auf der Leiter und pflückte die gelben Pflaumen von den Ästen. Ihr Gesicht war eben noch genau zu sehen gewesen. Jetzt hatte es sich zwischen dem Schwarz und Grün der Äste und Blätter davongemacht. Stellenweise war sie nicht mehr durchgängig da, nicht länger als ein unversehrtes Von-Kopf-bis-Fuß-Gebilde zu erkennen. Nur dann, wenn sie den Stand der Leiter wechselte, kam sie wieder zum Vorschein. Sie schlug mit beiden Armen um sich. Schlug die pflaumenhungrigen Wespen in die Flucht, schrie ihnen etwas zu und schleppte die Leiter mitten durch den Schwarm der Tiere. Auf ihrem Haar hatte sich ein Gespinst von kleinen Ästen, ein dicht gewobenes Netz, gebildet.

Der Vater war leichter zu nehmen. Weil er Eigentümer eines Erkennungszeichens war. Das verlässlich an ihm wiederkehrende Element waren seine Krawatten. Punktierte, schräg gestreifte, einfarbige. Sie verliehen seiner Erscheinung etwas Unbezweifelbares. Die Krawatten machten den Vater zu einem Wesen aus erster Hand. Aber auch hier gab es Ausfallerscheinungen. Es dauerte eine Weile, bis ich ihnen auf die Spur kam. Es hatte im wörtlichen Sinn mit Vaters Auftreten zu tun. Mit seinen Schuhen, dunkelbraun glänzenden Herrenschuhen. Sie trugen Unruhe in das versöhnliche Bild des Krawattenträgers. Krempelten ihn in eine unüberhörbare Respektsperson um. Genau genommen nahm er das Gebaren eines Generals an, der seine Uniform an den Füßen trug. Er leistete sich eine in meinen Augen unerlaubte Form des »Draufgängertums«. Die Schuhe machten, dass die Schritte dröhnten, sie schallten, lärmten, rumorten. Die Schuhe gaben Befehle und gaben Schüsse ab. Frieden kehrte ein, wenn sie sich über einen Teppich bewegten. Dann aber, zurück auf den Holzdielen, ging das Getöse weiter. Der General war zurückgekehrt.

Man musste sich damit abfinden, die beiden hin und wieder auf sonderbare Weise als fremde Mitbewohner zu erleben. Es gehörte gewissermaßen zum Kindsein dazu. Man hatte mit Ereignissen wie diesen, mit den ungereimten Existenzen der Erwachsenen fertig zu werden. Nicht gleich, später kam ich auf den Gedanken, mir Vaters Schuhe genauer anzuschauen. Sie waren mit kleinen Eisenstücken beschlagen, metallisch glänzenden Halbmonden. Man hatte sie an Spitze und Absatz mit winzigen Nägeln befestigt, mit dem Hammer ihre Köpfe trittfest geschlagen; das Ergebnis einer stabilen Handwerkskunst.

Im Sommer übrigens, zwischen den Johannisbeersträuchern, sah der Vater wie ein Gespenst aus. Er hatte den weißen Leinenanzug an, aus ihm war ein stilles Bild auf Beinen geworden. Viel Weiß gab es auch im Winter im Osthavelland, der Schnee hielt sich lange, seine Oberfläche sah poliert aus. Auf dem Weg zum Einkaufsladen sagte die Mutter, leg dich doch hier mal hin. Ja, sie konnte überraschend sein. Auf den Rücken, sagte sie. Dann packte sie meine Arme zu beiden Seiten des Körpers und drückte sie in gleichmäßigen Abständen in den Schnee. Guck doch, die Flügel, da hat ja ein Engel gelegen, sagte sie. Sie hatte recht, man konnte sie ganz genau sehen, die Flügel. Die Vertiefungen im Schnee hielten sie fest in dokumentarischer Deutlichkeit. Einige Tage später konnte man sie nur noch erahnen. Neuschnee hatte sich über sie hergemacht.

Wenn ich später an die Mutter dachte, die dem ungefügigen Geäst des Pflaumenbaums Entstiegene, an den Vater als General mit den eisenbeschlagenen Schuhsohlen und mich als winterlichen Saisonengel, hatte ich die Vorstellung, für eine kurze Sekunde vom eigenen Leben Unverzichtbares und Unausweichliches gesehen zu haben.

Die Bootsbesteigung

Ein Bild verlangt von seinen Betrachtern,
sein Leben zu leben.

Es machte den Eindruck, als hätte es der frühere Mieter vorsätzlich dort abgestellt. Am späten Nachmittag, als gerade noch das Tageslicht in die Zimmer hineinreichte, entdeckte sie links neben der Balkontür im billigen Fertigrahmen ein kleines Bild. Der Eigentümer der Wohnung hatte ihr für ein paar Stunden den Schlüssel überlassen, Zeit, sich umzusehen. Das Bild war von Hokusai, sie kannte den Maler. Nicht nur, weil seine Gewässer, seine Wolken, Boote und Berge unverwechselbar waren. Sie hatte über seinen zwanghaften Drang gelesen, mit der Arbeit nicht aufhören zu können. In der Hand den Pinsel haltend, war er verhungert. Es hätte Reis im Haus gegeben und jede Menge Gemüse im Garten. Seiner Philosophie folgend, würden ihm aber nicht sie, sondern allein seine Bilder zu Atem, Luft und Leben verhelfen.

Das Apartment gefiel ihr, zwei durchgehende Zimmer, ein Balkon, fast reichte er in die Zweige eines Baumes hinein. Dabei hatte sie immer wieder Halt vor Hokusais Bild gemacht. Hellgetönt das breite Band des Wassers, über dem geradlinig wie ein Brett die Wolken angebracht waren. Wasser und Wolken sahen aus, als übten sie sich in Geduld. Untergebracht in einem Geborgensein, als wäre die Natur in einer Schüssel zuhause. Im Vordergrund der Uferweg. Verlockend sah er aus, fast säuberlich, wie gerade frisch gefegt. Mitten da hinein setzte sie in Gedanken einen Fuß, stellte sich vor, in dieser hingetupften Ferne spazieren zu gehen. Die Ferne sah aus, als wartete sie, als wartete sie ab. Im Vordergrund des Bildes bemerkte sie eine winzige, kaum sichtbare, in sich gekehrte Gestalt, Bauer?, Pilger?, Pferdeknecht?, gefolgt von einem in vergrößertem Maßstab gezeichneten Pferd. Es überzeugte durch Autorität und Furienhaftigkeit. Ein einziger Unruheherd mit stampfenden Hufen. Auf dem Sattel war eine Last befestigt, ein Bündel von Gehölz und Buschwerk. Es spreizte sich wie ein Gefieder vom Körper des Pferdes ab. Angezogen von seiner Wucht, seiner Widerstandskraft, atmete sie etwas tiefer und schneller. Ihr Körper kam nicht zurecht damit. Das Wort »Pferdestärke« fiel ihr ein. Kurz bevor sie in den Zustand der Hyperventilation geriet, wandte sie sich dem kleingewachsenen Mann zu, der das Pferd locker am Zügel hielt. Die bedachtsame Sanftmut des Mannes half ihr dabei, zu ihren gleichmäßigen Atemzügen zurückzukehren. Sie fühlte seine schmalen Schultern wie die eigenen. Behutsam, so, als wollte sie ihn nicht stören, entfernte sie sich aus dem Feld und Fluidum des geduldigen Pferdehalters und hielt weiter Ausschau.

Wenig vertrauenswürdig erschienen ihr die Wolke und der Berg. Der stämmige Charakter der Wolke hatte kaum Verlockendes an sich. Und der Berg schwebte so unwirklich über dem Wasser, dass man glauben konnte, er würde aus lauter Dunst, Diesigkeit und Nässe gebildet sein. Dennoch machte sie den Versuch, sich in sein Inneres vorzutasten, zog sich aber von dort schnell wieder zurück. Eine bodenlose Tiefe tat sich vor ihr auf. Ihren Füßen wurde so wenig Widerstand entgegengesetzt, dass es ihr Mühe bereitete, zur Bildoberfläche zurückzukehren. Dafür fasste sie jetzt das kleine Boot mit den beiden Fischern näher ins Auge. Das hatte sie sich bis zuletzt aufgehoben. Es steuerte übers Wasser auf den Berg zu. Seine Bauweise machte einen guten Eindruck auf sie. Das kleine Fahrzeug erschien ihr leichtgewichtig, bequem und für seine Aufgabe gut gerüstet. Vielversprechend auch die Meeresoberfläche, sie war von einem wohltuend entspannten Wellengang bewegt. Einer der beiden Männer ruderte, der andere saß beschäftigungslos neben ihm. Der Anblick des Ruderers erinnerte an einen gut erholten Urlauber. Sein Rücken lehnte wohlig an der hinteren, leicht zum Wasser hin gebogenen Bootswand. So rudern Kurgäste eines Badeortes, in Gebieten eines schwerelosen Hin und Her. Hier und Da. In Gebieten wie diesem hier. Man konnte vom Ufer aus ins Boot einsteigen, von dort aus zur Wolke übersetzen und sich dann hinüberhangeln zum Berg.

Das Schiffchen erwartete sie. Sie hatte es sich schwieriger vorgestellt. So ganz vergessen hatte sie ihren Ausgangspunkt natürlich nicht. Immerhin, sie hatte aus einem normalen Wohnhaus heraus den Sprung in ein winziges Vehikel zu schaffen. Und zwar so, dass gleich der erste Versuch gelingen musste. Es zu verfehlen hätte bedeutet, im Wasser zu landen, aufgesogen, weggespült zu werden. Das Bild zeigte lässige, sorglos nebeneinander angebrachte, klein gehaltene Wellenhügel. Sie misstraute plötzlich dem harmlosen Anblick. So ein Bild konnte die Größenverhältnisse verdammt ungenau wiedergeben. Wie sich aber sonst Zugang dorthin verschaffen? Kurz überdachte sie die Möglichkeit, doch lieber neben dem Reiter herzulaufen, als dessen Assistentin vielleicht. Oder als eine Art Entertainerin, die im Alltag eines Pferdehalters für gute Stimmung sorgt. Favorit aber war nun mal das Boot mit den beiden Fischern. Es kämpfte nicht mit den Wellen, sondern tanzte ihnen auf dem Kopf herum. Die Fischer dürften froh darüber sein, eine Helferin in ihr zu finden. Das Rudern, Fischen, Netze-Auswerfen stellte sie sich herrlich vor.

Mit dieser Idee vor Augen machte sie sich bereit für ihren Sprung in die Mitte des Bootes. Die Kiefern schüttelten laut knarrend ihre Äste, die Wellen klangen heimatlich wie die vom Adriatischen Meer. Sie fühlte sich springen, absichtlich in die linke Ecke des Bootes zielend, um den rudernden Mann nicht aus dem Takt zu bringen. Das Boot schwankte, kippelte bedenklich zur Seite, fing sich aber schon wieder und würde sich bald, sehr bald der Küste nähern.

Man sieht es ihnen nicht an, man kommt nicht darauf. Wie viel Arbeit es gekostet hat, sie in diese aufrechte Stellung gebracht zu haben. Nichts deutet darauf hin, wie lange an ihnen herumgemeißelt, -geschnitzt und -gebosselt worden ist. Bis ihnen endlich dieser Zustand der Entrücktheit in die Glieder fuhr.

Von Natur aus altern sie schon lange nicht mehr. Ihr Fortbestand hat stabile Formen angenommen, damit fällt in Zukunft auch ihr Sterben weg. Das liegt an der extremen Haltbarkeit und genauen Planung ihres Auftritts. Statuen, denkt man, fröstelnde Standbilder.

Sie haben die Gewitter vergessen, glücklicherweise, die ihnen Angst gemacht hatten. Niemand von ihnen erinnert sich gerne daran. Wie sie davongelaufen sind, nach einem Unterschlupf gesucht haben. Damals, als sie noch in den Wäldern, in den Wüsten hausten. Jetzt ist es so weit, sie haben es sich verdient. Niemand wird sich mehr an ihnen vergreifen. Sie haben es bis in dieses Gebäude, in dieses Stockwerk geschafft.

Ihr Tod hat ihnen kein bisschen geschadet. Ihr Tod ist spurlos an ihnen vorübergegangen. Man denkt an alles Mögliche, nur nicht daran. Wo alles so stimmig komponiert ist. Wer möchte denn wissen, wie es dazu kam. Dass sie, um so zu werden, wie sie jetzt sind, lagenweise zerlegt, auseinandergenommen und wiederaufgerich-

243

tet wurden. Erlaubt ist alles, was nach Natürlichkeit aussieht, nach einem Anblick wie aus einem Guss. Erst aufgeschnitten, dann umgestülpt, enthäutet und abgeschabt. Zugenäht. Fachsprachlich heißt das »verankert«.

Vielleicht ist ihr Blick etwas glasig, die Augen viel zu weit aufgerissen. Wo es doch eigentlich keinen Grund mehr dafür gibt, sich zu erschrecken; Hilflosigkeit, Hunger, Unfallgefahr. Davon kann jetzt doch keine Rede mehr sein. Seit die lateinischen Namen auf Schildchen neben ihnen stehen.

Wenn sie die Möglichkeit hätten, an sich hinunterzuschauen, würde ihnen dieses oder jenes sicherlich auffällig erscheinen. Nägel, Kleister, Befestigungsmaterial. Aber sie tun es nicht. Ihre Erstarrung hat teures Geld gekostet, ganze Laboratorien, großangelegte Werkstätten sind daran beteiligt gewesen. Der Aufwand hat sich mehr als gelohnt. Bis zum Gehtnichtmehr ist das ewige Leben über sie hereingebrochen, in ihren Hüllen steckengeblieben. Manchmal seitenverkehrt, aber immer auf Sockeln. Manchmal um vieles kleiner als das Original, aber aus ihrer erhöhten Stellung immer gut zu sehen.

Früher mussten sie sich als Beute fühlen, jetzt umgibt sie ein akkurat gezogener, niedriger Zaun, der ihr formgerechtes Dasein aus Kunststoffen und Mischgewebe, aus Plastilin und Zweikomponentenkleber bewacht.

Viele von ihnen sind an Haltestöcken befestigt, wo sie in fester Sitzplatzverteilung dem Gedanken an ihre jeweilige Todesart trotzen. Man sieht nur manchmal etwas Zugenähtes, eine Narbe quer über der Brust wie bei Herzoperierten. Trotzdem ist keiner mehr hier mühselig und beladen, jeder hat sich hoch aufgerichtet. Keiner tanzt mehr aus der Reihe. Ruhend könnte man sie für gestorben halten, obwohl nun gerade das am allerwenigsten beabsichtigt war. Lieber stehen sie wie angewurzelt da, schleichen sich hintergründig heran, heben die Tatze, die Hand und den Arm, befinden sich in einem in der Luft stehengebliebenen Sprung.

Das Wort für dieses angehaltene, aufgehaltene Leben heißt Statik. Heißt Abwesenheit. Sie sind mit allem fertig geworden, auch damit, dass sie in einen Traum getaucht wurden, der keine Lebenszeichen von sich gibt. Die Stadien der Zerstückelung sind ausgespart, die Neuanfertigung infolge langer Aushärtungszeit kaum mehr als solche erkennbar. Durch Schleifen und Bohren weitergehend verfeinert. Mit Gips und Kunstharz gefestigt. Durch Biodur zum Denkmal geworden.

Vom Himmel aus gesehen

Ich trage das schwarze Kleid mit den weißen Querstreifen. Tailliert, knielang. Die blauen Riemchensandalen. Der Schauplatz: eine unvorstellbare Höhe, nichts als Luft, Nässe und Wind. Neben mir ein Mann. In einer beispiellosen Wortgeschwindigkeit wispert er vor sich hin. Die Welt, das Weltall, so wie wir es kennen, ist noch in weite Ferne gerückt. Die Milchstraße, skizziert, ins Blaue hinein. So ein völliges Nichts, denke ich, das nervt. Offenkundig hat auch der Mann keinen Schimmer, er redet noch immer auf die vollkommen unbekannte Gegend ein. Weit, weit von uns entfernt sehe ich ein paar Eisschollen vorüberziehen. Rechts unter uns ein paar Waldgebiete. Tatsächlich Bäume, die jetzt, direkt vor meinen Augen an Höhe gewinnen. *Werden.* Ein paar ungelenke Tiere tauchen auf, kommen schwerfällig in Gang. Kurzlebige Vorstufen, denke ich. Mir fallen die Wörter »Karbon« und »Kreidezeit« ein. Hier ist womöglich noch viel, viel Früheres im Spiel. Womöglich der vielzitierte Schöpfungsvorgang. Dann also wäre es Gott, der da neben mir sitzt. Sieht eigentlich nach nichts aus. Jetzt bloß keinen Fehler machen, will ich zu ihm sagen. Ihm andererseits auf keinen Fall mit allzu wählerischen Vorschlägen kommen. Bloß kein Stressfaktor für ihn sein. So eine Schöpfung macht sich nicht von allein. Abgeschirmt in seiner Unendlichkeit hockt ER redend, in seine Gedanken vertieft, neben mir. Kaum hat man eben noch auf eine Herde von Schafen geschaut, duckt man sich im nächsten Moment unter einem Hitzeschild weg. Eine Umgebung, in der man sich nicht sattelfest fühlt. In diesem Moment klart der Himmel auf, von mehreren Monden gleichzeitig beschienen. Ich beschließe, mich ruhig zu verhalten; ihm zuzuschauen, seine Einfälle hinzunehmen, welche es auch immer sein mögen. Leicht fällt es mir nicht. Man kann sich überhaupt keine Vorstellung machen, kein Bild von dieser erschreckenden Planlosigkeit. Da werden Bodenschätze unter die Erde versenkt, die von schwer arbeitenden Menschen später sukzessive ausgebuddelt und wieder zutage gefördert werden. Mithilfe riesiger ratternder Maschinen, Felswände einreißend. Gerade eben galoppieren endlose Herden von Nashörnern durchs Bild. Büffel und Bullen. Zebras, Giraffen, Wildhunde. Die Einführung der Steppe, denke ich mir. Aus dem Nichts hervorgeschossen wie der Geldfluss aus dem Jackpot. Es kommt auf die Kombination an. Und gleich noch ein Treffer. Gerade rücken ein paar Felder, Buchten und Böschungen zusammen, um eine Landschaft zu bilden. Das ist gekonnt. Mit den Menschen klappt es weniger gut. Ihr Zustandekommen zieht sich in die Länge. Ich sehe, wie erfolglos er herumprobiert. Er hat sogar sein Brabbeln eingestellt. Was ihn allein die Fertigstellung der Wirbelsäule kostet! Wie lange er braucht, um endlich auf die Mechanik des aufrechten Ganges zu kommen. Der erste Wurf fällt torkelnd, der zweite steifbeinig aus. Beide reparaturanfällig. Danebengegangen. Mach Schluss damit, möchte ich zu ihm sagen. Ihn darauf hinweisen, dass auch die Probeläufe in die Erdgeschichte eingehen werden. Jetzt bloß kein Flickwerk mit den weiblichen Organen. Nicht, dass man später von experimenteller Entgleisung sprechen muss. Mein Eindruck: Die Welt wird nicht mit Arten, sondern Eigenarten bevölkert. So wird das immer weitergehen. Später wird ein Paul Valéry schreiben: »Gott hat die Welt aus dem Nichts geschaffen, aber das Nichts schmeckt man durch.« Wozu die Mückenschwärme?, denke ich. Die Kälteeinbrüche im russischen Winter? Das sind Langzeitprojekte, die dringend Konstruktionspläne gebraucht hätten. Zeichnungen. Entwürfe. Sogar der Ichthyosaurus hätte etwas werden können. Aber so doch nicht. Stück für Stück wird hier ein *Fait accompli* nach dem anderen geschaffen, wahllos wie Hundehäufchen im Universum abgesetzt. Fluchtartig ziehen Nebelfetzen vorbei. Eine gute Gelegenheit, muss pinkeln, längst schon, Ursprungsbesichtigung hin oder her. Als hätte ich es nicht geahnt. Die Schwerkraft geht gegen null. Eine dünne Nässe spritzt aus mir heraus, irrt durchs All, spaltet sich auf in ein Hierhin und Dorthin. Verewigt sich im zeitlosen Nirgendwo. Habe ich eben ein Automobil gesehen? KAUFHAUS DES WESTENS lese ich da drüben. Bloß weg hier, verdammte Weltraumkälte. Er hat schon längere Zeit kein Wort mehr von sich gegeben. Sein Blick ins All wird ihn ernüchtert haben. Muss Ihnen nicht peinlich sein, könnte ich ihm zurufen. Nicht gerade ein Schöpfungsakt, das hier, aber wofür? Für wen denn auch? Wer von uns würde klarkommen, wer sich verstehen auf so eine *andere*, eine besser gelungene, höherstehende Schöpfung? Sie würde unbenutzt in der Gegend herumstehen. Sinnfrei gewissermaßen. Da drüben, Gott sei Dank. Eine Himmelsleiter. Von dort geht's im Aufzug weiter.

An der Nordküste der Insel gab es ein Naturwasserbecken. Morgens, früh, war man dort noch allein. Eine von grünen Algen bewachsene, glitschige Treppe führte ins Wasser hinunter. Ich traute dem Frieden nicht, nicht ganz und gar. Jeden Morgen hatte ich kurz mit dem Gedanken zu tun, mich einer bevorstehenden Verwegenheit auszusetzen. Was mit der Weitläufigkeit des Atlantiks zu tun hatte, denke ich. Immerhin, er beansprucht ein Fünftel der Erdoberfläche. Und genau dort, wo seine auslaufenden Wellen auf unsere Küste trafen, hatte das Schwimmbecken seinen Platz bezogen. Ob man wollte oder nicht, man wurde Teil eines Imperiums, das an Afrika grenzte und weit, weit in die Zeit zurückreichte. Zwölf Millionen Jahre.

Dass ich hier jeden Morgen alles unverändert antreffen, alles wiedererkennen würde, spielte eine Rolle für mich. Das Becken, sein Verhältnis zu den Felsen und den morgendlich mäßigen Wellenbewegungen. Sie mussten mir ihre standhafte Unverrückbarkeit immer wieder vor Augen führen. Ich erschuf mir ein *Piscina natural* mit Sicherheitsgarantie, in dem ich beruhigt meine Runden drehte. Noch war es schattig wegen der hohen Felsen ringsum. Meine Arme durchpflügten, durchbretterten das Becken, machten sich so richtig breit. Die Vereinbarung, die ich mit dem Ozean getroffen hatte, trügerisch wie sie sein mochte, kam jetzt zum Zuge. Ich bin die Einzige, so signalisierte ich ihm, die schon dann bei dir erscheint, wenn du noch im Schatten liegst und kalt bist. Dafür hast du dieses Bassin zu respektieren. Du musst Verhältnisse für mich schaffen, denen ich mich vertrauensvoll nähern kann.

Angekommen an einer der Außenmauern, nahm ich, schon im Schwung der Kehrtwendung, auf dem gegenüberliegenden Beckenrand eine Bewegung wahr. Das steinig schroffe Material hatte von sich aus Unebenheiten. Es kannte aber keine sich scharf gegen den hellen Himmel abgrenzende Kontur. Keine Linie, die einem Tierkörper nahekommen würde. Genau danach sah es aber aus. Abwartend oder sogar lauernd, hatte es sich den Beckenrand wie eine Rampe, wie ein Podium erobert. Als würde es einen Auftritt hinlegen und mich zur Zuschauerin ausersehen haben.

Wenig später würden hier die Kinder herumtoben und die Felsen mit Strohtaschen und Sonnenhüten belegt sein. Rote Gummibälle würden unterhaltsam durchs Gelände fliegen, und der unebene Boden wäre mit bequemen Bastmatten bedeckt. Ein Vormittag wie gemacht für Stranderlebnisse. Nicht für ein so seltsam bewegungsloses Visavis wie das dort am Beckenrand. Ich zweifelte keinen Moment daran, dass die Situation von sich aus harmlos, nicht bedrohlich war. Wahrscheinlich hatte ich den Schrecken mitgebracht, hatte ich ihn in dieses Becken eingeschleust. War ich nicht jeden Morgen heimlich mit dem Gedanken beschäftigt, eine Heldin würde sich auf den Weg ins Schwimmbad machen? Ich dachte an die unermessliche Größe des

Ozeans, die mich erwartete. An die Abgeschiedenheit des Beckens hinter dem Felsmassiv. An die Menschenleere zu dieser frühen Stunde. Für mich, viele unbekannte Größen.

So kam es wohl dazu, dass ich bewegungslos in einer kindischen Unterwasser-Habachtstellung abwartete. Ich stand gewissermaßen stramm vor einem circa siebzig Meter weit entfernten, optisch kaum erkennbaren Kleintier. Als könnte die kleinste, von mir sichtbar werdende Bewegung Konsequenzen haben. Könnte eine Verbindung herstellen zwischen mir und dem ehernen Anblick dort drüben. In diesem Moment konnte ich, deutlich sichtbar, eine Bewegung von unerwarteter Komik erkennen. Wie in den Himmelshintergrund hineingezeichnet, war das ungeordnete Auf und Ab eines Umrisses auszumachen: dunkle, von Waagerechten und von Diagonalen bestimmte, auf- und abwärts geführte Gliedmaßen. Sie hatten sich dem Ozean zugekehrt, dann aber, als wären sie zu einer Entscheidung gekommen, eine Kehrtwendung gemacht. Mit kleinen Bewegungen den Standort vermessend, wechselten sie mehrmals die Richtung. Das Manöver wirkte ziellos, unschlüssig. Es erinnerte an die Haltung des Zögerns, wie man sie von den Menschen kennt.

Ich fing an zu frösteln. An die Beckenwand gelehnt, brachte ich mich in Sicherheit vor den vom Ozean her sich nähernden Wellen. Mit den Armen hielt ich sie mir mit schnellen Paddelbewegungen vom Leib. Dabei stemmte ich mich mit dem Rücken gegen die steinerne

Wand. Als könnte ich dadurch den Abstand zur gegenüberliegenden Seite des Beckens vergrößern. Eine überraschend heftige Woge klatschte mir ins Gesicht. Kurz darauf hatte eine Lautlosigkeit eingesetzt, die nach dem dröhnenden Widerhall der Wellen einen neuen, mit einer geräuschdämmenden Schicht überzogenen Ozean an die Stelle des bisherigen setzte. Vielleicht lag auch der Grund für die plötzliche Stille nur bei meinen vom Meerwasser verstopften Gehörgängen. Das Tier von gegenüber hatte der Woge standhalten und die Reglosigkeit einer Ikone bewahren können. Seine Ruhe und die eingetretene Geräuschlosigkeit ließen die Anonymität des Tieres noch unerschöpflicher erscheinen. Nichts, gar nichts wusste ich von seinem Leben.

Nicht, ob es seinen Wuchs groß oder klein, schwer oder leicht empfand. Ob seine Sehkraft bis zu mir herüberreichte. Wie es den Wechsel zwischen Tag und Nacht erlebte. Ob überhaupt ein Erleben, ein Erspüren von ihm wahrgenommen wurde. In meinem Kopf geisterten auf einmal alle möglichen Spiegelungen und Verkettungen zwischen Mensch und Gliederfüßler herum, ein Begriffskaleidoskop. Haut und Panzer, Gangart, Glieder, Hals und Rumpf, Füße und Finger. Ohren, Fühler und Antennen. Hände, Scheren. Verschalung und Häutung, Kinn und Kiefer und Kauwerkzeug. Zeitgleich, Analoges, Heterogenes. Bis alles Halt machte, Halt suchte im Gleichmaß meiner schnellen Schwimmstöße, mit denen ich auf die algenbewachsene Treppe zusteuerte. Brach ab wie nicht gewesen, löste sich, schimmernd zerrann es, untertauchend, verlorengehend.

Ich frottierte das nasse Haar mit dem Badehandtuch, mein Atem holte sich Luft tief aus den Lungen. Das Schwimmbecken lag noch immer im Schatten. Die Sonne, weit hinter den Felsen, hatte kaum Fortschritte gemacht. Ich war nur kurz, heute nur wenige Momente im Wasser gewesen.

INHALT